Ulrik Schramm

Die Untugenden des Pferdes

Ulrik Schramm

Die Untugenden des Pferdes

im Stall und unter dem Sattel

BLV Verlagsgesellschaft
München Wien Zürich

CIP-Kurztitelaufnahme der Deutschen Bibliothek

Schramm, Ulrik:
Die Untugenden des Pferdes: im Stall u. unter
d. Sattel / Ulrik Schramm. – München; Wien; Zürich:
BLV Verlagsgesellschaft, 1986.
ISBN 3-405-13290-8

Zeichnungen: Ulrik Schramm

Neuausgabe von »Die Untugenden des Pferdes«,
Nymphenburger Verlagshandlung, München, 1977

Gesamtherstellung: Pustet, Regensburg

Printed in Germany · ISBN 3-405-13290-8

Inhalt

Einführung in die Problematik der Untugenden des Pferdes

Die Liste der Bücher, welche sich mit der Ausbildung von Pferden und Reitern befassen, ist besonders in den letzten Jahren sehr lang geworden und spiegelt eine ganze Reihe von mehr oder weniger neuen Themen, Systemen, Anschauungen und Gedanken wider. Verhältnismäßig neu ist indessen die Betrachtung des Pferdes von der psychologischen Seite her – obwohl es das Pferd ist, das am Anfang aller Problemstellungen steht. Gute Ausbilder, gute Pfleger, die »horse-sense« haben – das Gespür dafür, wie ein Pferd fühlt und »denkt« –, tragen vieles als selbstverständlich in sich. Wie viele aber, die sich mit Pferden abgeben, sind gedankenlos und ungewollt grausam zu dem Tier, von dem sie doch so viel verlangen. Ich denke dabei nicht so sehr an Brutalitätsäußerungen – obwohl es auch davon genügend gibt –, sondern viel eher noch an diejenigen, die ihre Lieblinge durch unvernünftige Liebe nahezu umbringen.

Unbesonnenheit ist indessen viel öfter, als man zu glauben geneigt ist, die Ursache von Tierquälerei. Das Pferd als Reittier in der heutigen Pferdehaltung ist allzuoft einer bodenlosen Gedankenlosigkeit ausgeliefert, die sich in den absurdesten, oft kaum vorstellbaren Formen äußert. Es soll im folgenden der Versuch unternommen werden, mehr Verständnis für das Verhalten unseres Pferdes aufzubringen, indem die Erklärung dafür gesucht und gefunden werden soll, wieso unser Pferd so oder so reagieren muß. Denken wir daran, daß die meisten Untugenden oder Widersetzlichkeiten des Pferdes durch *unser* Fehlverhalten entstanden sind! Die Furcht, das Nichtkönnen oder Nichtkennen des Verlangten, das wohl häufig auch zu viel oder zu früh Verlangte sowie die Ungeduld sind allzuoft die Ursache von Unstimmigkeiten und damit verbundenen Untugenden der Pferde.

SPOHR hat einige Grundsätze aufgestellt, die ich in diesem Zusammenhang wiedergeben möchte: »Beschäftige dich möglichst viel und freundlich mit deinem Pferd. Begrüße es freundlich und scheide freundlich von ihm. Strafe, wenn Strafe sein muß, mit Ernst, unter Umständen mit Strenge, niemals im Zorn oder aufbrausender Heftigkeit. Und der Strafe folgt stets die Versöhnung. Dulde keine unfreundliche Behandlung des Tieres von seiten anderer, am wenigsten von seinem Wärter.«

E. F. SEIDLER schrieb: »Ein jedes Pferd will seiner Eigentümlichkeit nach anders genommen sein.« Und noch ein sehr wichtiger Satz von V. KRANE, in dem besonders die Notwendigkeit einer Haupttugend eines jeden »Pferde-Menschen« angesprochen ist: »Die Menge der kleinen Siege, die wir bringen, bringt die Gewohnheit des Gehorchens hervor.«
Wir sollten bedenken, daß das Wesen des Pferdes durch eine außerordentliche Bewegungsaktivität charakterisiert wird, insbesondere durch seine Spezialisierung auf einen ausdauernden und wendigen Lauf. Es ist dabei nicht so viel Wert auf die Charakterisierung als »Fluchttier« zu legen, sondern eher auf die Bewegungsfreudigkeit eines Tieres, die sich aus der Entwicklungsgeschichte über Jahrmillionen ergeben hat. Des weiteren ist die Anpassungsfähigkeit des Pferdes an seine Umwelt wichtig für seine Entwicklung gewesen. Die Verbreitung des Pferdes wurde nur durch zwei Hindernisse unterbunden: durch das Eis im Norden und durch die Tsetsefliege im Süden der Erdkugel. Verbunden mit dieser Anpassungsfähigkeit auch an extreme klimatische Verhältnisse ist eine außerordentliche Hautaktivität. Wir brauchen dabei nur an die enorme Schweißbildung des Pferdes zu denken, die bei keinem anderen Tier in diesem Maße auftritt. Die gesteigerte Sensibilität des Pferdes steht aber im Zusammenhang mit dieser übergroßen Hautaktivität. Wie dünn das Nervenkostüm eines Pferdes sein kann, auf welche minimalsten Gefühlsempfängnisse seine Organe anzusprechen vermögen, ist bekannt. Ein weiterer wesentlicher Punkt der Charakterisierung des Pferdes ist seine verblüffend vielfältige Individualität. Wohl kein anderes Tier hat diese weite Skala an physischer und psychischer Vielfalt wie das Pferd.

Unser heutiges Pferd hat eine sehr lange Entwicklung hinter sich. Sie begann vor mehr als 60 Millionen Jahren im Eozän, also weit vor der Entstehung der menschlichen Rasse. Die ersten Spuren des *Eohippus* weisen den Urahn unseres heutigen Pferdes als ein Tier von Fuchsgröße nach; er war vielzehig (vorn vierzehig, hinten dreizehig) und entwickelte sich in der Anpassung an seine Umwelt an Größe, Kraft und Schnelligkeit zu seiner heutigen Gestalt. Es ist heute noch nicht geklärt, wo eigentlich die Entwicklung dieses fuchsähnlichen Tieres des Tertiärs begann, denn Funde wurden bei London ebenso wie in Nordamerika (Wyoming, Wasatch- und Windriverbecken) gemacht. Als es im Laufe des Tertiärs kälter wurde, offene Grassteppen entstanden und der Boden damit fester wurde, paßte sich der Eohippus den veränderten Umweltbedingungen an: Er wurde Grasfresser, sein Gebiß wandelte sich, die mittlere Zehe wurde größer, während sich der Fuß auch vorn zum Dreizeher entwickelte. Die Tiere legten auf dem zusammenhängenden Kontinentenblock von Eurasien und Nordamerika große Wanderungen zurück – an Größe und Schnelligkeit zunehmend, wurden sie zu flüchtigen Steppentieren.

Nach vielen Millionen Jahren und auf Grund der durch die Veränderungen der klimatischen Bedingungen erfolgten Verzweigungen, Rückentwicklungen und dem Aussterben verschiedener Pferdefamilien entwickelte sich in der Eiszeit in Eurasien die Rasse, die dann, dem Eis entkommen, im Quartär die Begegnung mit dem Menschen fand. Während dieser Entwicklung waren die Seitenzehen verschwunden, das Gebiß hatte Kauflächen an den Schneidezähnen bekommen, an denen die für die Altersbestimmung der Pferde so wichtigen Kunden entstanden. Aus dem *Eohippus* war das *Equus caballus* geworden. Die letzte Stufe der Wildpferdarten lebt noch unter uns in Form des *Equus Przewalskij.*

Die erste Begegnung mit dem Menschen war die Begegnung eines Wildes mit seinem Jäger. Der Mensch zog dann später den Herden nomadisierend nach, schoß sich das heraus, was er für Nahrung und Kleidung nötig hatte, lernte die Herden lenken und begann mit einer gezielten Auslese. Die letzten freien Urwildpferde leben in Zentralasien, an der Grenze zwischen China und der Mongolei. Die Sowjetunion ist bemüht, in einem Reservat diesen Rest der Urwildpferde der Verfolgung der Menschen zu entziehen.

Wir sollten uns diesen über 60 Millionen Jahre dauernden Entwicklungsgang vor Augen halten, wenn wir darangehen wollen, verschiedene Verhaltensformen des Pferdes zu betrachten. Sie sind ja die Grundlage der Verständnismöglichkeit – nicht allein um das Pferd in seinen Reaktionen verstehen zu lernen, sondern auch um zu verhüten, daß wir als Konsequenz dabei zum Teil recht unliebsame Unfälle erleiden können. Denken wir nur an die Folgen von Schlägen mit den Hufen, an das Scheuen, Durchgehen und die dadurch möglichen Stürze. Wir werden in der Ausbildung und Behandlung des Pferdes eher zum Erfolg kommen, wenn wir die Zusammenhänge verstandesmäßig berücksichtigen und das Pferd nicht als seelenlosen Gegenstand betrachten, mit dem wir ohne jede Rücksicht so umgehen dürfen, wie es uns gerade behagt.

Wir haben nun ein Pferd, einen Sproß dieser langen Entwicklung, bei uns im Stall. Es ist völlig gleichgültig, ob es ein Vollblüter oder ein Robustpferd ist; auch Rasse oder Farbe spielen keine Rolle. Die Verhaltensweisen werden etwa die gleichen sein. Vor Jahrzehnten noch, als das Pferd weit mehr die PS-Leistungen der heutigen Motoren erfüllen mußte, als sich die Notwendigkeit ergab, sich von einem Ort zum anderen im Sattel oder auf dem Kutschbock zu bewegen, als die Menschen mithin pferdeverbundener waren, bestand auch ein engerer Kontakt zwischen Mensch und Pferd. Kenntnisse im Umgang mit dem Pferd waren überliefert, schon allein aus dem Wissen um den Nutzen, den man aus der Leistung seines Pferdes erwartete. Heute ist das Pferd (leider im schlechten Sinn) ein Sportgerät für viele geworden, die sich – sei es gedankenlos oder brutal – dieses Tieres zur Ausübung ihres Sportes bedienen. Für die verstädterten Bewohner selbst in ländlicheren Gemeinden erfordert es indessen, aus Mangel an Erfahrung gewisse psychologische Erkenntnisse in Anspruch zu nehmen, um sich und ihre Pferde vor unnötigen Folgen aus Fehlverhalten und daraus resultierenden Unarten der Pferde zu schützen.

Was soll man nun beim Pferd schlechtes oder gutes Verhalten nennen? Schlecht oder gut muß für das Pferd nicht die gleiche Bedeutung haben wie für den Menschen. Gehen wir davon aus, daß die Wurzeln des Charakters eines Pferdes in seiner Gutmütigkeit liegen, so sind eventuelle »Bösartigkeiten« das Resultat aus den drei Komponenten Naturell, Instinkt und Erziehung. Bösartig wird ein Pferd erst im Laufe seines Lebens durch falsche Behandlung. Allein schon seine Sensibilität ist eine Quelle des Übels: Empfindlichkeit des Mauls und der Zähne, Druck des Sattels oder Gurtes, festes, falsches oder zu hastiges Satteln, mangelnde Sorgfalt bei der Ausbildung, aber auch Verletzungen sowie Brutalität, Grobheit, Ungeduld usw. seitens des Reiters rufen entsprechende Reaktionen beim Pferd hervor. Das schlimmste sind ungerechte Strafen, denn alle Widersetzlichkeiten entstehen aus Unbehagen und Schmerz; man kann und darf ein Pferd nicht für Schmerzen bestrafen. Grobheiten versteht ein Pferd auch nicht als Strafe, eher als Feindschaft; es verliert dabei seine Aufmerksamkeit und versucht sich vermehrt zu wehren, d. h. der Widerstand wächst von innen heraus.

Die Beobachtung und Kenntnis der Psyche des Pferdes ist für Pferd und Reiter von großem Nutzen. G. Steinbrecht schrieb: »Richtiges Verständnis für die seelischen Eigenschaften und Äußerungen des Pferdes und darauf beruhend zweckentsprechende Einwirkung auf diese ist unerläßlich, und zwar um so unerläßlicher, je weiter wir in der Ausbildung fortschreiten. Richtige Beurteilung des Temperamentes und klares Durchschauen des Charakters eines Pferdes sind für den Erfolg ebenso unentbehrlich wie richtige Beurteilung seiner körperlichen Eigenschaften.« Wenn dies auch mehr im Hinblick auf die Ausbildung des Pferdes gesagt wurde, so ist doch genau die gleiche Auffassung für die Behandlung des Pferdes generell gültig. Jeder Reiter oder Pfleger mit Gefühl und offenen Augen wird bei einigen Überlegungen selbst zu Erkenntnissen kommen können, die einer der Hauptmethoden der Tierpsychologie entsprechen: der Selbstbeobachtung. Das bedeutet, daß es Verhaltensweisen der Pferde gibt, die durchaus den Menschen verständlich sind. Damit soll nicht einer Vermenschlichung des Pferdes das Wort gesprochen werden, sondern es sollen Analogien – oder Kontraste – in Betracht gezogen und ganz allgemein dazu angeregt werden, die Verhaltensweisen ergründen und verstehen zu wollen.

Das Denk- und Kombinationsvermögen des Pferdes ist im Verhältnis zu unseren anderen Haustieren verhältnismäßig gering. Seine Reaktionen wer-

den bei seiner Erinnerung an die Lebensgewohnheiten in seiner Entwicklungsgeschichte verständlich (Fluchttier). Die Vorzüge des Pferdecharakters sind indessen bemerkenswert: Pferde haben ein erstaunliches Gedächtnis, einen hochentwickelten Orientierungssinn, ausgesprochenen Herdentrieb, den Hang zur Gewohnheit und einen äußerst differenzierten Geruchssinn; sie sind sehr anhänglich und haben ein ausgeprägtes Freundschaftsbedürfnis; des weiteren sind sie sehr empfänglich für gute Behandlung, Lob und Tadel, und sie haben Ehrgeiz und Kämpfermut. MADAY bescheinigt dem Pferd auch Verstand, sagt aber, »ob es Begriffe, Urteile und Schlüsse bilde, ist nicht sichergestellt, da diese Tätigkeiten psychologisch noch nicht genau erforscht und nach unten hin abgegrenzt sind«. Es vermag aber einfache Begriffe und Urteile zu bilden und in einigen Fällen auch Rudimente eines Schlußvermögens zu äußern. Pferde verstehen zu simulieren, z. B. Lahmheit. In den Ställen berittener Einheiten gab es oft Pferde, die sich notorisch das Halfter abstreiften und warteten, bis die Stallwache vorbei war, ehe sie ihren Stand verließen, um nach Futter Ausschau zu halten oder ihren Freund zu besuchen.
Die Möglichkeiten des Pferdes, seine Gefühle zu äußern, sind wohlbekannt. Das Mienenspiel beispielsweise ist nicht ganz so unsichtbar, wie es manchem Reiter erscheinen mag. Da ist zunächst das Auge, bei dem eine Reihe von Ausdrucksmöglichkeiten zu beobachten sind. Ein zufriedenes Pferd hat einen anderen Ausdruck in den Augen als ein ängstliches. Man spricht von einem vertrauensvollen Blick; Aufmerksamkeit, Bereitwilligkeit – oder Gleichgültigkeit – sind den Augen abzulesen. Wer kennt nicht den stumpfen Blick eines strapazierten Pferdes, das stundenlang einen Reitschüler nach dem anderen ertragen mußte, oder den Unwillen des widersetzlichen Pferdes, das verständnislos mit Tätigkeiten gefordert wird, die es nicht mag, weil es überfordert ist oder nicht begreift, was man von ihm verlangt.
Zum Mienenspiel ist der Ausdruck um Nüstern und Maul zu zählen. Wir kennen das Flehmen und das Gähnen, das Entblößen der Zähne oder die hängende Unterlippe des müden, erschöpften Pferdes. Die Skala des Wieherns und Schnaubens ist größer, als man gemeinhin annimmt. Die Pferderasse ist die einzige Tierrasse, die über diese Art der Gemütsäußerung verfügt; sie kann Furcht, Aufregung oder Überraschung bedeuten, sie kann spielerisch gemeint sein oder soll Aufmerksamkeit erregen. Die Vielfalt des Wieherns ist besonders bei Stuten, aber auch bei Wallachen, größer als bei Hengsten.
Das Ohrenspiel des Pferdes ist ein weiteres Ausdrucksmittel. Die Ohren zeigen ebenfalls Aufmerksamkeit, Unwillen, Bereitwilligkeit, Drohung an. Dazu kommen die Möglichkeiten, mit dem Maul (z. B. Fletschen), Vorderhufen (Scharren, Stampfen), Hinterhufen und Schweif gekoppelte Gebärden zu äußern. Übrigens sagen die Physiologen, daß die Blickrichtung der Pferdeaugen stets analog der Stellung der Ohren geht.

Beim Gähnen *(oben)* öffnet das Pferd das Maul und hat die Augen nahezu geschlossen, während es beim Flehmen *(unten)* geschlossen bleibt und die Augen geöffnet sind.

Das Pferd ist ein außerordentlich gefühlsstarkes und sensibles Tier und benutzt diese Ausdrucksmöglichkeiten reflexartig zur Mitteilung unter seinesgleichen; aber sie sind auch auf den Menschen gemünzt, und er sollte daher diese Sprache kennenlernen. Es ist übrigens eine bekannte Tatsache, daß Pferde sehr lärmempfindlich sind, was sie andererseits nicht daran hindert, selbst recht großen Lärm zu erzeugen, z. B. zur Futterzeit durch Schlagen an die Boxenwände. Bei der Arbeit mit Pferden oder im Stall bei der Pflege sollte möglichst kein Lärm gemacht, nicht geschrien oder gebrüllt werden. Ein Pferd kann unter Umständen eine lautstarke Zurechtweisung eher als größere Strafe empfinden als einen Schlag. Die ruhige Sprache des Menschen ist dem Pferd angenehm, ein gleichmäßiger Tonfall beruhigt es, wobei es gleichgültig ist, was gesagt wird – »der Ton macht die Musik«. Auch Musik ohne laute spitze Töne wirkt beruhigend – oder anregend bei gewissen Rhythmen, wobei noch zu ergänzen ist, daß es nicht der Wahrheit entspricht, daß das Pferd sich nach dem Takt einer Musik richtet, wenn es z. B. traben, passagieren und dgl. soll, sondern es ist der Reiter, der unbewußt den Takt halten oder erreichen will.

Im Zirkus hat der Kapellmeister meist viel Mühe, sich nach den Pferden zu richten, wenn sie unberitten vorgeführt werden.
Pferde lernen sehr schnell gewisse Worte. Dies sind nicht allein das laute »Pfui«, »Nein« oder das in anderem Tonfall gesprochene »Brav«, sondern es gibt eine ganze Reihe von Wörtern, die die Pferde verstehen, selbst wenn sie nebenbei gesprochen und nicht direkt an sie gerichtet worden sind. So mancher Reiter wird festgestellt haben, daß sein Pferd im Pulk auf die Anfrage an die anderen Reiter hin: »Machen wir einen kleinen Galopp?« von selbst angaloppiert.
Spohr vermerkt: »Wer boshafte Pferde stumm korrigieren will, wird schwerlich so bald mit ihnen zurechtkommen.« Die Zahl der Töne und Tongruppen, die das Pferd zu unterscheiden vermag, ist vermutlich wesentlich größer, als wir annehmen. Sie sind dem Pferd dann besonders verständlich, wenn sie mit fühl- oder sichtbaren Zeichen verbunden werden.
Das Gehör des Pferdes reagiert außerordentlich sensibel auf Tonnuancen. Die »Unterhaltung« mit dem Pferd sollte daher als psychologisches Mittel zur Mitteilung verwendet werden. Sowohl bei der Arbeit wie bei der Pflege sollte man mit dem Pferd reden. Das Pferd wird aufmerksamer werden, es wird sich auf den Kontakt einstellen, seine Intelligenz wird gefördert. Dabei soll, wie schon gesagt, der Tonfall ruhig sein, sogar schmeichelnd, als spräche man mit einem Kind. Ermahnung, Ermunterung oder Zurechtweisung erfordern ohnehin eine andere Tonart.
In diesem Zusammenhang sei angemerkt, daß das Pferd sehr wohl Verstand hat, wobei der Grad des Verstandes keineswegs abhängig ist von einem »edlen« Äußeren. Mit Verstand ist hier nicht die Fähigkeit gemeint, zu kombinieren oder abstrakt zu denken; vielmehr vermag das Pferd »aus Empfindungen im Zustand der Aufmerksamkeit Vorstellungen zu bilden und mit anderen Wahrnehmungen und Vorstellungen zu verknüpfen« (Blendinger).
Die Haltung des Schweifs ist eine weitere Ausdrucksmöglichkeit. Was hat man nicht schon alles getan, um dem Pferd zum Beispiel beim Verkauf zu einer »feurigen« Schweifhaltung zu verhelfen. Die schiefe Schweifhaltung kann ebenso viel zum Ausdruck bringen wie der eingeklemmte Schweif oder im Gegensatz dazu die steife, abgespreizte Schweifrübe des erregten Pferdes.
Pferde sind in ihren Reflexen wesentlich sensibler als wir Menschen und reagieren demzufolge auch bedeutend schneller als wir. Je edler die Abstammung eines Pferdes ist, um so sensibler wird es reagieren. Die schweren Kaltblutschläge sind in dieser Hinsicht nicht vergleichbar mit den hoch im Blut stehenden Arabern oder Vollblütern.
Auf die Besonderheit des Pferdeauges werden wir im Kapitel »Scheuen« noch intensiv eingehen. Hier nur noch ein paar Bemerkungen über zwei wesentliche Empfindungs- und Wahrnehmungsmöglichkeiten des Pferdes: Da ist

Schweifhaltung *(von links):* normal, aufgeregt, aktiv, verspannt.

einmal seine außerordentliche Hautempfindlichkeit. Speziell die Hals- und Schulterzonen haben eine besonders empfindliche Haut. Pferde schätzen es, wenn sie am Widerrist gekrault werden. Wer kennt nicht die Bilder sich kraulender Fohlen oder auch älterer Pferde. Es ist eine gute Methode, sich mit einem Pferd anzufreunden, wenn man ihm die Mähne krault. Pferde, die sich nicht gern am Kopf fassen lassen, kann man leichter dazu überlisten, wenn man sich allmählich vom Widerrist über die Mähne bis zum Genick hinaufkrault. Die Gegend direkt über dem Ellbogen ist weniger empfindlich. Die Wirkung von Gerte, Peitsche oder Sporen auf die Rippen oder Flanken ist verschieden, wobei noch nicht geklärt ist, ob z. B. die Peitsche für manche Pferde, die sehr heftig auf sie reagieren, ohne vorher schlechte Erfahrungen gemacht zu haben, die Furcht vor einem unsichtbaren Feind darstellt. Mit einigem Geschick sind sie aber an Gerte oder Peitsche zu gewöhnen.

Die Empfindlichkeit des geschulten Pferdes allein schon durch den Druck auf die Sattelblätter ist eine der Grundlagen für die Ausbildung eines Dressurpferdes. Der Kontakt zwischen Pferd und Reiter wird ja weitgehend durch die Berührung, das Gehör und den Geruchssinn hergestellt. Das Pferd beobachtet seinen im Sattel sitzenden Reiter ständig, ohne etwa dabei seine Umgebung zu übersehen. Dadurch, daß ein Pferd weitaus sensibler ist als sein Reiter und sich viel intensiver auf seinen Reiter einstellen kann – falls seine Konzentrationsfähigkeit, was die Dauer anbelangt, nicht überstrapaziert wird (worüber noch zu sprechen sein wird) –, kann es auch Gedanken des Reiters erfühlen und reagiert bereits auf einen Anflug von Furcht, Mangel an Vertrauen oder dem Gegenteil wie Freude und Zuversicht am Wagnis.

Als weitere Stelle der Hautempfindlichkeit des Pferdes sind die Fußballen zu nennen. Das Pferd ist in der Lage, geringste Bodenvibrationen über die Fußballen aufzunehmen, die die Füße anderer Tiere oder der Menschen selbst auf weichem Boden erzeugen.

Wir wissen, daß das Wildpferd täglich große Strecken zum Aufsuchen der Futterplätze zurücklegte. Die Pferde wechselten zwischen Trab und Galopp, wobei der Trab überwog. Aus dieser Kenntnis heraus besteht in der Art der heutigen Pferdehaltung ein gravierender Einfluß auf die Psyche des Pferdes. Der natürliche Bewegungsdrang des Pferdes – nicht allein als »Fluchttier«, sondern in seinen natürlichen Lebensbedingungen – äußert sich sogar als Freude an der Bewegung, was nirgends besser zu beobachten ist als bei Pferden auf der Koppel. Unsere Pferde – auch und besonders die Pferde, die im Sport eingesetzt werden – sind heute meist 23 Stunden im Stall eingesperrt, im ungünstigsten Fall in einem Ständer, in dem sie angebunden sind und eine kahle Wand vor sich haben. In vielen Ställen sind sie ohne jeden Kontakt zur Außenwelt. Sie müssen bereit sein, zu tun und zu lassen, was *der Mensch* will, der sie für eine Stunde am Tag zu *seiner Verfügung* haben will – ob sie wollen oder nicht. In früheren Zeiten waren Arbeitspferde täglich viele Stunden unterwegs in Bewegung, sie hatten überdies Kontakt mit der Umwelt und mit ihrem Pfleger, der mit ihnen arbeitete, sie putzte und fütterte. Heute gibt es zahllose Fälle, in denen der Reiter sein Pferd gesattelt und gezäumt hingestellt bekommt und es nach einer Stunde (womöglich nicht einmal von ihm selbst) abgezäumt und abgesattelt wird. Es ist vielen Pferdehaltern unbekannt, was ein Pferd zu leisten vermag und wie sehr der vorhandene Bewegungsmangel Ursache für alle möglichen Untugenden und Unarten ist. Besonders aktive, intelligentere Pferde sind dafür anfällig, gerade sie brauchen mehr Bewegung, mehr Beschäftigung als ruhige, lethargische Tiere.
Eine Stunde pro Tag ist zu wenig an Leistung, die angestaute Kraft sucht ein Ventil: entweder in Widersetzlichkeiten oder in einem Bewegungsersatz. Aus dieser Haltung resultiert eine Unzahl nahezu widernatürlicher Angewohnheiten. Strafen dagegen sind die falsche Maßnahme; richtig ist allein regelmäßige, sinnvolle Arbeit und nochmals Arbeit. Es ist erwiesen, daß die sogenannten »Schulpferde« in Reitinstituten am wenigsten Neigung haben, sich Untugenden anzugewöhnen, denn sie sind ja oft mehrere Stunden unter dem Sattel und ertragen und erdulden die verschiedensten Reitschüler mit all deren zumeist negativen Einwirkungen.
Es gibt eine Reihe von Untugenden, die aus Widersetzlichkeit gegen Überforderung entstanden sind. Entweder wurde in der Ausbildung zu schnell vorwärtsgegangen, oder die Ziele waren zu hoch gesteckt bzw. unsachgemäß angegangen. Man kann einem Pferd sehr schnell die Lust an der Arbeit nehmen – erinnern wir uns des Grundsatzes, ein Pferd immer bei guter Laune halten zu müssen –, denn die Überforderung hat nicht selten Schmerzen an Sehnen und Gelenken zur Folge, das Pferd hat dann vielleicht nicht mehr die Kraft, sich zu widersetzen, und ergibt sich resigniert und freudlos seinem Schicksal. Es ist gebrochen und hat unter Umständen unheilbare Schäden an

Rücken und Hinterhand davongetragen, weil es den Anforderungen nicht gewachsen war, oder es widersetzt sich mit aller ihm noch zu Gebote stehender Kraft. Oberster Grundsatz sollte es sein, niemals zum Zwang zu greifen, bevor nicht alle Überlegungen und Mittel einer liebevollen Erziehung erschöpft sind, wie schon 1733 DE LA GUÉRINIÈRE feststellte. Es gäbe heute sicherlich weit weniger zuschanden gerittene, verdorbene und schlecht erzogene Pferde, wenn man diese Methode beibehalten hätte.

Ein mitunter großes Problem kann der Geschlechtstrieb bei den Pferden sein. In den letzten Jahren ist die Tendenz, Hengste zu reiten, zwar größer geworden, die Probleme indessen sind die gleichen geblieben. Normalerweise ist in öffentlichen Ställen die Hengsthaltung immer ein Wagnis und bringt meistens Unruhe in den Betrieb, Koppelgang ist nahezu ausgeschlossen. Zwar können die Hengste durchaus friedlich sein – eine Garantie dafür gibt es jedoch nicht. Anders zwar verhält es sich mit Stuten, aber auch da kann es zu Auswirkungen kommen, die durchaus ihre Probleme mit sich bringen. Man unterscheidet die primäre Rosse, die Zeit der vorbereitenden Paarung mit ihrem Kokettieren, Reizen, Hinausschieben, und die sekundäre Rosse, in der der Widerstand der Stute geschwunden und sie zur Aufnahme bereit ist. Entsprechend können ihre Äußerungen sein. In der ersten Phase können Stuten ungewöhnlich lebhaft und erregbar sein. Sie können sehr kitzlig reagieren, quietschen, machen heftige Abwehrbewegungen, harnen und fuchteln mit dem Schweif (»rühr mich nicht an!«). In der sekundären Phase, die oft nicht viel länger als einen Tag anhält, hat der Reiter häufig das Gefühl, daß er auf einem unbeweglichen, passiven, nahezu unbeeinflußbaren körperlichen Gebilde sitzt, abgestumpft, ohne jede Empfindlichkeit für Schenkel und Zügel. Nicht jede Stute verhält sich so – aber es gibt sie. In diesen Tagen sind diese Pferde für jede gezielte Arbeit unbrauchbar – und strafen für ihr Verhalten, das dürfte wohl klar sein, können Sie sie auch nicht. Besser ist es, die Stute in Frieden zu lassen.

Auch Perversitäten können vorkommen; dafür ist in jedem Fall der Tierarzt zuständig.

DE LA GUÉRINIÈRE schrieb zu diesem Thema vor rund 250 Jahren folgendes: »Man hüte sich, die Fehler eines Pferdes durch die Bank als schwerwiegende Untugenden zu betrachten. Meist hat das Pferd ganz einfach nicht verstanden, was sein Reiter von ihm will, oder ein körperlicher Fehler ist die Ursache seines Ungehorsams.« Und weiter: »Hilfen und Strafen werden ohne unnötigen Bewegungsaufwand gegeben. Ihre Wirksamkeit hängt in erster Linie von der Geschicklichkeit und der Reaktionsgeschwindigkeit des Reiters ab. Die Strafe muß gleichzeitig mit dem Fehler erfolgen, sonst schadet sie mehr, als sie nützt. Vor allem strafe man ein Pferd nie im Unmut oder im Zorn, sondern stets überlegt. Als Schluß des Kapitels möchte ich sagen, daß das Maßhalten

bei Hilfen und Strafen zu den besten Eigenschaften des rechten Reiters gehört.«
Untugenden und Unarten können sich im Stall äußern oder unter dem Sattel. Stalluntugenden sind der instinktive Versuch, einen Mangel oder ein körperliches Unbehagen durch eine Ausgleichshaltung zu kompensieren. Als Definition der Untugend findet sich im Lexikon: »Untugenden, Verhaltensweisen bei Haustieren, die vom normalen und üblichen Verhalten der jeweiligen Tierart abweichen und ihre Verwendungsmöglichkeit einschränken oder den Umgang mit ihnen gefährlich werden lassen. Beim Pferd gelten als Untugend z. B. Stätigkeit, Schlagen, Beißen, Scheuen, Zungenspielen, Leineweben ...« Dazu kommen: Kratzen, Masturbieren, Umherlaufen in der Box und Schreckhaftigkeit.
Die Möglichkeiten, die Pferde erfinden, um sich selbst zu beschäftigen oder sich andererseits um Tätigkeiten zu drücken, die sie nicht mögen, sind außerordentlich zahlreich. Neben den im Lexikon aufgeführten Untugenden, bei denen oft Erblichkeit, aber auch Milieufaktoren sowie falsche Behandlung eine Rolle spielen können, gibt es noch einige andere. Dies sind Untugenden, die ein Pferd entweder im Stall, in der Schmiede, auf der Koppel oder aber unter dem Sattel haben kann. Zu den sehr gravierenden Untugenden wie Schlagen, Beißen, Weben kommen einige nicht weniger unangenehme Angewohnheiten wie Deckenreißen, Schweifreiben, Schildern, Koppen, Barrenwetzen, Scharren, Nicht-Fuß-Geben, Haferstreuen (aus der Krippe), Nicht-aus-der-Box-Wollen, Losreißen (bei angebundenen Pferden), Futterneid, Krippennagen, Kotfressen, Holzfressen, Haarfressen. Letztere sind Anzeichen u. a. von Mangelerscheinungen und Stoffwechselkrankheiten. Auch Magen- und Darmstörungen (Parasiten) können die Ursache von schlechten Angewohnheiten sein. Zu den Untugenden und Unarten unter dem Sattel sind zu zählen: Scheuen, Zungenspielen, Stätigkeit, Nichtstehen beim Aufsitzen, Aufblasen beim Gurten, Lippenschlagen, Zähneknirschen, Stangenfangen, Zungenstrecken, Zunge-über-Gebiß-Nehmen, Durchgehen, Steigen, Kleben, Nicht-ins-Wasser-Gehen, Verweigern, Sporenschlagen, Hinlegen (im Wasser), Schweifdrehen, An-die-Wand-Drücken, Bocken, Kopfschlagen, Sattelzwang, Maulaufsperren.
Der oben angeführte Begriff der Stätigkeit (auch: Stetigkeit) taucht in alten Reitvorschriften sehr oft auf. Im Lexikon steht dazu: »Stätigkeit, gewohnheitsmäßige Unfolgsamkeit und Widersetzlichkeit bei Pferden, z. B. mangelnde Stall-, Geschirr-, Schmiede- oder Beschlag- sowie mangelnde Straßen- oder Verkehrsfrömmigkeit. Stätigkeit kann die Verwendung der Pferde im ordnungsmäßigen, gewohnten Dienstgebrauch stören oder aufheben. Sie kann auf Unerfahrenheit beruhen, angeboren oder erworben sein, auch organische, funktionelle oder psychische Störungen können die Ursache sein.«

Untugenden im Stall

Koppen (Krippensetzen)

Das Koppen ist wohl eine der gefürchtetsten Untugenden. Sie entwickelt sich aus der Langeweile des Pferdes, kann aber auch vererbt sein. Umstritten ist die Behauptung, daß Pferde, die neben einem Kopper stehen, diese Untugend ebenfalls annehmen können, wobei zu bedenken ist, daß Pferde auch einem Nachahmungstrieb unterliegen. Dieser Nachahmungstrieb plus Neugierde – »Was macht der da?« – kann durchaus zum Koppen führen.

Was ist nun Koppen? Das Pferd spannt bei geöffnetem Maul die untere Halsmuskulatur kräftig an. Dabei wird der Kehlkopf fixiert oder nach unten gezogen, der Schlund wird geöffnet und Luft kann dabei hineinströmen, die entweder heruntergeschluckt wird oder aber auch wieder hinausströmt; dabei entsteht das gefürchtete Rülpsen. Der Verdauungsvorgang kann dabei beeinflußt werden, weil unter Umständen schwere Koliken entstehen. Auch die Vorderzähne verändern sich durch fortgesetztes »Aufsetzen«. Die Anspannung der zum Luftschlucken notwendigen Muskulatur erfolgt durch »Aufsetzen«, d. h. durch Hineinbeißen zum Beispiel in den Krippenrand, bis zum Aufsetzen in den eigenen Unterarm.

Eine weitere Form des Luftschluckens ist das »Freikoppen«. Das Pferd ist in der Lage, ohne aufzusetzen die Muskulatur zum Luftschlucken entsprechend anzuspannen.

Bekanntermaßen zählt Koppen zu den Gewährsmängeln und unterliegt der Anzeigepflicht beim Verkauf eines Pferdes. Obwohl jedem Pferdebesitzer ein Kopper suspekt ist, gibt es doch eine Reihe Kopper, die keine negativen Auswirkungen zeigen, d. h. deren Futtrigkeit nicht beeinträchtigt ist und die nicht unter Koliken, verursacht durch Koppen, zu leiden haben. Entstehen kann diese Untugend auch durch Füttern von Schleckereien, besonders von Zucker. Es wird jedem gut Beobachtenden aufgefallen sein, daß die Pferde, nachdem sie Zucker aufgenommen haben, die Krippe, die Boxenwände usw. abschlecken. Wenn auch der Weg vom Abschlecken zum Anknabbern, vom Hineinbeißen zum Aufsetzen, um Luft zu schlucken, noch weit ist, so kann es doch der Anfang des Übels sein. Nicht ohne Grund wird davor gewarnt, Pferde in der Box mit Leckereien zu füttern – schon gar nicht mit Zucker.

Koppen kann aber auch im Bestreben des Pferdes entstehen, durch Luftschlucken ein Leeregefühl im Magen zu beseitigen, wenn z. B. dem Magen zu wenig Ballastfutter und zu viel Körnerfutter zugeführt wird. Allzuoft besteht

die Tendenz, das Pferd ausgesprochen zu mästen, d. h. bei zu wenig Bewegung mit einem Zuviel an Kraftfutter vollzustopfen, dafür aber das Rauhfutter zu streichen. Wenn nun das arme Tier bestrebt ist, als Ausgleich möglichst viel Rauhfutter in Form der eigenen Streu aufzunehmen, wird es auf Sägemehl oder Torf gestellt und sieht den lieben langen Tag keinen Halm. Gerade aber Rauhfuttermengen können durchaus etwas über die Norm gefüttert werden (10–15 Pfund Heu, 5–8 Pfund Stroh als Norm). Um dem Beschäftigungsdrang entgegenzukommen, ist es ratsam, die Tagesration in sechs bis acht kleine Rationen aufzuteilen. Rauhfutter dient außer der Ernährung auch der Beschäftigung. Dies gilt besonders für die Nacht. Die größere Menge sollte am Abend gegeben werden. Ausreichende Rauhfuttergabe hält die Pferde davon ab, sich Untugenden aus Langeweile anzugewöhnen.
Eine weitere Möglichkeit, sich diese Untugend anzugewöhnen, besteht für das Pferd darin, aus Langeweile oder Spielerei in alle möglichen Vorsprünge, Kanten, Absätze oder ähnliches zu beißen. Krippen sollten im Rand so breit gehalten sein, daß es dem Pferd unmöglich ist, den Rand mit dem Gebiß der Vorderzähne zu ergreifen. Normalerweise haben Porzellan- oder in Beton gegossene Krippen von ihrer Konstruktion her schon breitere Ränder. Es gibt Krippen aus Plastikmaterial, die auswechselbare Ränder haben, weil ihre Hersteller wissen, daß die Ränder der Krippen am ehesten durch Hineinbeißen oder Knabbern kaputtgehen. Mit wahrer Inbrunst werden diese Ränder von manchen Pferden demontiert. Es ist übrigens nicht die schlechteste Maßnahme, Pferden etwas in die Box zum Spielen zu geben. Wir kommen zu diesem Thema noch in dem Kapitel »Beknabbern«. Die Box ist wohl zum Ruhen da, darf aber auch nicht zum Stumpfsinn verleiten.
Sehr wichtig ist indessen, daß Pferden, die zum Koppen tendieren, alle Möglichkeiten dazu aus dem Weg geräumt werden müssen. Das sollte zwar schon bei der Planung eines Stalles bedacht werden, wenn aber der Stall bereits in der vorhandenen Form besteht, müssen alle Vorsprünge und Kanten, Zwischenräume, in die ein Pferdemaul hineinpaßt, beseitigt werden. Es ist absolut unsinnig, Ställe so einzurichten, daß z. B. Boxenwände im oberen Teil aus senkrechten Holzstangen bestehen, deren Abstände einer Pferdemaulbreite entsprechen, daß Absätze in der Art von Koppelstangen vorhanden sind, die wunderbar zu benagen sind, daß Bretter angenagelt sind, die zum Abmontieren und Anknabbern hervorragend geeignet sind. Eine Boxenwand soll glatt sein. Wenn Sicht zu den Nachbarboxen gewünscht wird, so hat sich ein starkes Drahtgeflecht auf Stahlrahmen als praktisch erwiesen mit einer Maschenbreite, in die kein Pferdemaul hineinpaßt. Heuraufen gibt es ja wohl kaum mehr und dort, wo sie noch vorhanden sind, sollten sie umgehend abmontiert werden. Die geeignetste Form, das Heu zu reichen, ist, es auf den Boden zu streuen; ebenso sollte man den Hafer in eine flache

Koppendes Pferd und die Folgen an den Vorderzähnen. Ähnlich sehen die Zähne eines Barrenwetzers aus. Das Bestreichen der Koppelzäune mit irgendwelchen Präparaten hat wenig Wirkung.

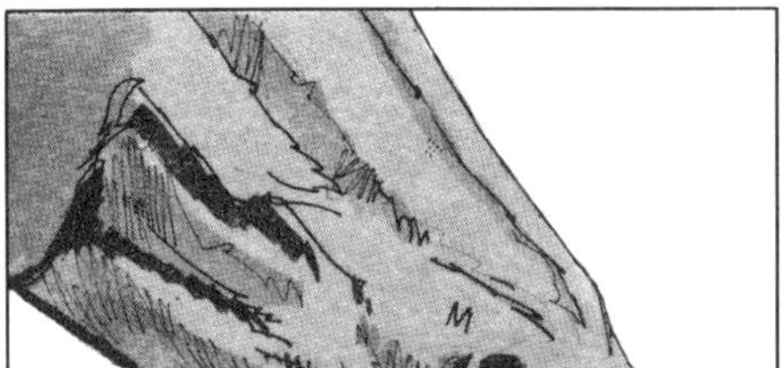

Haferschwinge geben, die nach dem Fressen wieder aus der Box genommen wird. Selbst wenn das Futter auf diese Weise manchmal verschmutzt werden könnte, ist es die natürlichste Art für das Pferd, sein Futter vom Boden aufzunehmen. Auch das Anbringen der Krippe an der Boxenrückwand hat schon manches Mal Erfolg gebracht. Die Pferde halten sich ja zumeist an der Vorderseite der Box auf; wenn sie Beschäftigung suchen, dann tun sie es auch dort. Der Nachteil ist, daß man zum Füttern in die Box hineingehen muß – aber was zählt in einem solchen Fall mehr?
Was tun, wenn unser Pferd koppt oder zu koppen beginnt? Auffällig ist, daß besonders lebhafte Pferde zu dieser Untugend neigen.
Das ewige Herumstehen hat das Pferd dazu gebracht, Luft zu schlucken. Hat es einmal damit begonnen, wird es auch nicht mehr damit aufhören – falls es nicht daran gehindert werden kann. Die Technik des Luftschluckens kann so weit »kultiviert« werden, daß das Pferd gar nicht mehr aufzusetzen braucht, sondern »freikoppen« kann. In solch einem Fall hat auch das Beseitigen von allen Möglichkeiten, mit den Zähnen irgendwo hineinzubeißen, keinen Sinn mehr; hier kann der Koppriemen helfen (s. Abb. auf der folgenden Seite), der allerdings – außer zur Arbeit – ständig getragen werden muß. Er ist ein Mittel, das bedingt hilft, rein äußerlich natürlich für jeden allerdings auch dokumentiert, daß hier ein Kopper steht. Der Koppriemen muß gut sitzen, nicht zu locker, aber auch nicht zu fest. Mit einem Riemen am Genick wird er am Halfter fixiert, damit er nicht halsabwärts rutschen kann. Anfänger im Koppen lassen sich eventuell noch mit einem Koppergebiß, das in das Stallhalfter eingeschnallt wird, kurieren. Es muß (ebenso wie der Koppriemen) ständig während des Stallaufenthalts und auf der Koppel getragen werden. Dem gleichen Zweck dient eine Fohlentrense, die dem Spieltrieb im Maul des Pferdes entgegenkommt. In jedem Fall muß man diese Mittel sofort anwenden, ehe die Angewohnheit dem Pferd unentbehrlich geworden ist.
Als ziemlich erfolgreich hat es sich erwiesen, die Möglichkeit des Aufsetzens auf Koppelstangen zu verhindern, wenn zusätzlich noch ein Elektrozaun gespannt wird in der Art, wie er für Kuhweiden zur Abgrenzung verwendet wird. Die elektrischen Pulse in dem Zaun sind dem Pferd auf die Dauer doch so unangenehm, daß es zumindest diese Koppelstangen respektiert. Dieselbe Methode kann auch in der Box angewendet werden, falls an ihren Innenwänden Aufsetzmöglichkeiten für das Pferd bestehen. Generell ist zu sagen, daß Sie sehr trickreich sein sollten – denn Ihr Pferd ist es auch.
Ein weiterer Weg ist die Kopp-Operation, bei der die Muskelpartie (Brustbein-, Schlundkopf- und Unterkiefermuskulatur) am Ansatz des Unterhalses durchtrennt wird, die das Luftschlucken anatomisch ermöglicht. Diese Operation ist ein sehr starker, aufwendiger und blutiger Eingriff, der eine – je nach Können des Operateurs – mehr oder weniger sichtbare Unterbrechung im

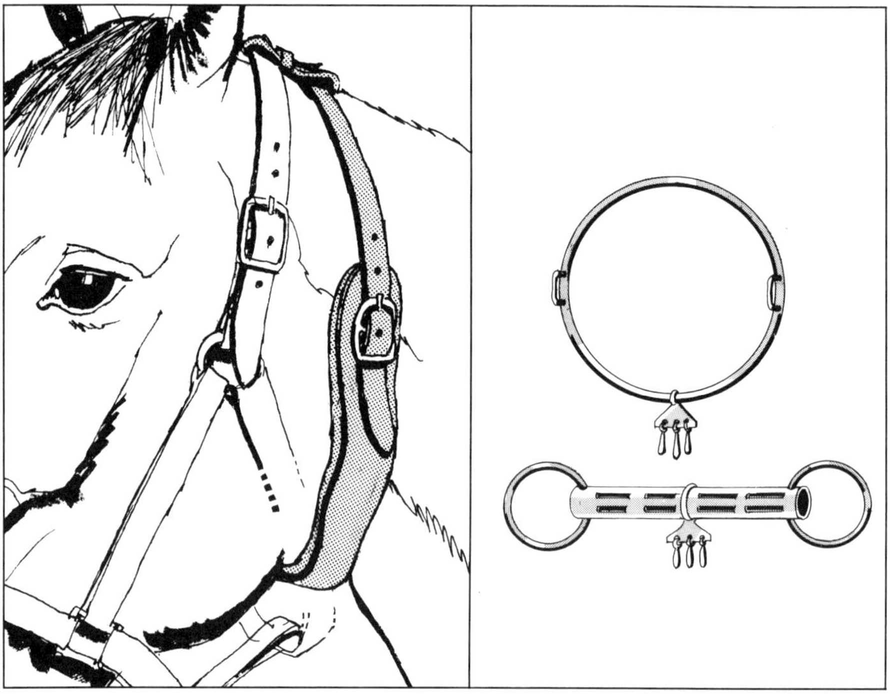

Koppriemen, Fohlentrense und Koppergebiß.

Ansatz der Unterhalslinie zurückläßt. Die Wahrscheinlichkeit, daß ein derart operiertes Pferd das Koppen auf Lebenszeit sein läßt, liegt bei etwa 80 Prozent. Ich habe die Erfahrung gemacht, daß eine solche Kopp-Operation die sinnvollste Lösung ist, wenn man sich dazu entschlossen hat, etwas gegen das nun einmal entstandene Koppen zu tun. Die Narbe, die nach der Operation zurückbleibt, verwächst sich vollkommen, bis auf eine kleine Störung der Linie des Unterhalses, die um so geringer sein wird, je weniger ein Pferd Unterhals hat und je größer das Können des Operateurs ist, den Schnitt in die Muskulatur gewissermaßen kosmetisch auszugleichen. Empfindsamen Naturen würde ich übrigens nicht raten, einer Koppoperation zuzuschauen.
Der Koppriemen ist, je nach der Schwere des Falles, eine halbe Lösung und immer mit Zwischenfällen verbunden. Das Pferd wird versuchen, den Riemen abzustreifen; sitzt er nicht eng genug, versteht es sehr bald, wenn auch reduziert, aber dennoch Luft zu schlucken. Alles Bestreichen mit Teer oder Schmieren aller Art hat nur bedingt Erfolg. Abgesehen davon, daß die Pferde sich damit das Fell beschmieren, halten diese Mittel doch nicht lange vor und lösen auch nicht immer das Problem, mit dem wir uns im nächsten Kapitel beschäftigen wollen.

Beknabbern, Benagen

Der Grund für das Benagen – mitunter auch nur Belecken – der Stallwände kann, abgesehen von Langeweile oder Spieltrieb, ebenso am Mangel von Mineralstoffen oder Salzen liegen. Auch Erde- oder Kotfressen ist eine Folge dieses Mangels. In früheren Zeiten nahmen Pferde Gräser und Kräuter in einer ganz bestimmten Reihenfolge auf und ergänzten auf diese Weise folgerichtig ihren Bedarf an den Stoffen, die sie benötigten. Unsere viel zu viele Stunden in der Box gehaltenen Pferde haben jahraus, jahrein ihr bestimmtes Futter. Sie können sich nicht einmal ihr Rauhfutter aussuchen, sie müssen das zu sich nehmen, was ihnen vorgesetzt wird. M. Schäfer berichtet, daß er aus dieser Einsicht heraus bei der winterlichen Fütterung in etwa der natürlichen Pflanzenwahl der Pferde nachkommt, indem er vormittags das beste süße Heu vorlegt, während er abends zum süßen Heu noch Heu von sauren Wiesen zugibt. Der Rauhfutterbedarf des Pferdes muß gedeckt werden, auch dann, wenn es aus der Befürchtung heraus, es könnte zu dick werden, weniger Rohfaserprodukte zu sich nehmen soll. Oft werden Pferde dann auf Torf oder Sägemehl gestellt, weil sie in dem Bedürfnis, ihren Mangel an Füllstoffen zu decken, ihre Streu auffressen, selbst dann, wenn sie beschmutzt ist. Schäfer spricht von »Freßeinheiten«, die erfüllt sein müssen. Ein Pferd frißt normalerweise insgesamt zwölf Stunden am Tag. Ist dieser Bedarf nicht erfüllt, besteht die Gefahr, daß die Freßlust u. a. zum Benagen aller erreichbaren Gegenstände führt, zumal dem Urpferd das Benagen von Rinden und Zweigen eine Reihe notwendiger Stoffe zuführte.

Zur Deckung des Salzbedarfs ist am ehesten zu raten, einen Salzleckstein in die Box zu hängen. Er ist besser als eine Zugabe in Form von einigen Löffeln Salz zum Futter. Ferner empfiehlt es sich, den Pferden – allein schon aus Gründen der Beschäftigungstherapie – Zweige in die Box zu geben, die sie abnagen können. Als bekannt darf vorausgesetzt werden, daß Zweige von Akazie, Eibe, Lebensbaum oder Buchsbaum nicht vorgelegt werden dürfen, sie gehören zu den für Pferde giftigen Gewächsen. Rinden enthalten je nach Baumart mehr oder weniger Prozente an Gerbstoffen, und Zweige mit Knospen enthalten Bitterstoffe, die von Pferden aufgenommen werden. Besonders jüngere Pferde, die eher bewegungsaktiv sind als ältere, beschäftigen sich gern mit einem Zweig oder Ast, der durchaus nicht zu dünn zu sein braucht. Und wenn Sie einen leeren Pappkarton haben – ohne Metallklam-

mern, versteht sich –, dann geben Sie ihn in die Box. Was glauben Sie, wie sich ein Pferd mit Spieltrieb damit zu beschäftigen vermag!
Sehr häßliche Folgen hat das mit dem »Fellkraulen« im Zusammenhang stehende »Mähneknabbern«. Es ist zwar ein hübsches Bild, zu sehen, wenn zwei Pferde sich gegenseitig, vom Mähnenkamm beginnend bis zum Schweifende, das Fell beknabbern, aber die Folgen für den Zustand der Mähnen sind katastrophal. Es dauert gar nicht sehr lange, dann sind in der so gepflegten Mähne, besonders in der Gegend vor dem Widerrist, unübersehbare Löcher entstanden, und es dauert Wochen und Monate, bis diese abgeknabberten Haarbüschel wieder nachgewachsen sind. Kurz gesagt: Die Mähne sieht lückenhaft und scheußlich aus. Ebenso kurz und bündig gesagt: Machen kann man dagegen gar nichts. Man kann es nicht einmal als Untugend bezeichnen, denn das Mähneknabbern gehört zur sozialen Hautpflege der Pferde, die sich – vorausgesetzt, die Partner mögen einander – auf diese Weise schlecht zu erreichende Körperpartien gegenseitig beknabbern. Dieses Spiel wird hingebungsvoll und ausgiebig zelebriert, und es ist völlig unmöglich, etwas dagegen unternehmen zu wollen – es sei denn, man vermag durch Koppeln die Partner voneinander zu trennen, die ihrer gegenseitigen Zuneigung mit dem Fellkraulen Ausdruck geben, denn wie schon gesagt: Nicht jeder darf eines jeden Fellkraulpartner sein!

Zweige zum Abknabbern in der Box.

Barrenwetzen

An den Deformationen der Vorderzähne läßt sich eine weitere Unart im fortgeschrittenen Stadium erkennen: das Barrenwetzen. Um mögliche Hintergründe der Entstehung dieser Unart verständlich zu machen, ist zunächst einmal eine kurze Untersuchung der Freßgewohnheiten der Pferde nötig. Die freilebenden Equiden nahmen ihr Futter über den ganzen Tag auf. Der Magen des Pferdes erlaubt es nicht, eine große Menge schnell hinunterzuschlucken, wie es etwa das Rind tut. Das Pferd rupft – wenn es nicht außergewöhnlich hungrig ist – bedächtig eine kleine Menge von Halmen, um sie gründlich zu zerkleinern und zu schlucken. Um auf diese Art satt zu werden, muß es mindestens fünf Stunden lang grasen. Unsere Pferde hingegen werden zu bestimmten Zeiten gefüttert. Aus der Kenntnis, daß ein Pferd nicht etwa wie ein Hund mit einer Mahlzeit auskommen kann, wird es dreimal am Tag gefüttert. Diese Futterzeiten sollten strikt eingehalten werden.

Der Zeitsinn des Pferdes ist außerordentlich ausgeprägt. Schulpferde beispielsweise wissen genau, wann die Stunde »um« ist. Es sind zahllose Geschichten von Fuhrleuten oder Knechten und ihren Pferden bekannt, die vom Zeitsinn der Pferde berichten. Interessant ist dabei übrigens, daß die innere Uhr der Pferde stets etwas »vorgeht«. Sie werden immer um eine Idee früher auf den Ablauf einer Zeitsequenz reagieren. Im Stall stellt sich automatisch Unruhe ein, wenn die gewohnte Futterzeit herannaht. Die genaue Einhaltung der Fütterungszeiten ist daher unbedingt notwendig, um diese Unruhe nicht noch mehr zu steigern. Die Pferde gewöhnen sich sehr bald Unarten an, um diese Erregung abzureagieren, die noch durch den Futterneid gesteigert wird. Neid ist bei auf großen Weideflächen grasenden Herden wenig ausgeprägt. Die Pferde halten dort Abstand und grasen nur bei enger Freundschaft dicht nebeneinander. Im Stall ist das jedoch ganz anders. Die Steigerung des Neides ist (laut BLENDINGER) eine offenbar neurotische Übersteigerung einer ursprünglich natürlichen Verhaltensweise. Deutlicher Ausdruck davon sind angelegte Ohren, bleckende Zähne, Schlagen gegen die Boxenwände, Barrenwetzen usw. Auch hier wieder sind es die lebhaften, energischen und intelligenteren Tiere, die ihren Gefühlen ausdrucksvoller nachgeben.

Das Barrenwetzen entlang der Gitterstäbe, an Vorsprüngen der Boxenwände oder am Krippenrand ist besonders unangenehm, wenn die Pferde dabei ihre

Das Barrenwetzen an senkrechten Stäben bzw. an waagerechten Gegenständen ist besonders dann sehr schädlich, wenn sie aus Eisen bestehen. Sie haben den Effekt von Feilen, aber Beton ist auch nicht weniger wirksam.

Zähne an Metallschienen oder -stäben wetzen können. Es erzeugt sehr bald Spuren und Deformationen an den Vorderzähnen, die wiederum zur Folge haben können, daß die Futteraufnahme (Grasen) gestört wird. Auch hier ist zur Abhilfe zunächst zu empfehlen, daß alle Möglichkeiten zum Barrenwetzen beseitigt werden. Das ist zwar leichter gesagt als getan, aber man sollte als Pferdehalter doch einige Mühe darauf verwenden, dem Pferd möglichst wenig Angriffsmöglichkeiten zu belassen. Eine weitere Maßnahme ist, beim Füttern diese Pferde entweder zuerst zu füttern oder kurzfristig so anzuhängen, daß es ihnen unmöglich gemacht wird, irgendwo ihre Zähne zu wetzen.

Klopfen und Schlagen an die Boxenwände

Die Gründe für diese Untugenden sind die gleichen wie beim Barrenwetzen. Pferde sind nun einmal keine stumpfsinnigen, trägen Tiere, sondern im Gegenteil lebhaft, tätig und sensibel. Aus Ungeduld oder Erregung klopfen Pferden an die Boxenwände, auch um auf sich aufmerksam zu machen. Im übrigen ist diese Unart den Pferden nicht zuletzt von den Menschen selbst beigebracht worden, nämlich aus der Unsitte heraus, ständig aus der Plastiktüte Naschereien zu verteilen. Zwangsläufig werden Pferde zum Betteln erzogen, sie bemühen sich, durch Scharren oder Klopfen die Aufmerksamkeit auf sich zu lenken. Diese Angewohnheit kann zwar lästig sein, hat aber nicht die unangenehmen Folgen, die das Schlagen mit der Vor- oder Hinterhand an die Boxenwände haben kann, infolgedessen an den Sprunggelenken die häßlichen Piephacken entstehen können. Wenn nicht sofort die entsprechenden therapeutischen Maßnahmen ergriffen werden, können sie über ihre Häßlichkeit hinaus zudem noch unangenehme Folgen haben, indem sie hart werden und auf das Gelenk drücken. Aber auch das Karpalgelenk der Vorhand kann Schaden erleiden.

Die Abhilfe ist einerseits möglich durch Polstern der Boxenwände, andererseits durch strikte Beachtung der Forderung, Pferde nicht zum Betteln zu erziehen. Geschieht das Schlagen aus Futterneid, so sollte man sich überlegen, das Pferd zur Futterzeit anzulegen.

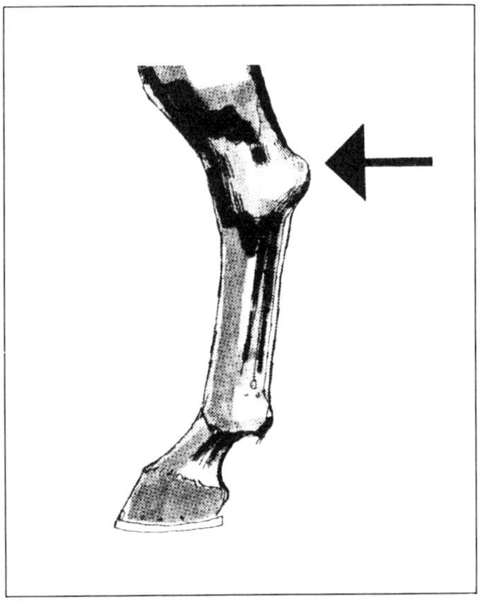

Piephacke

Scharren

Das Scharren im Stall ist immer ein Anzeichen von Ungeduld und Bewegungsdrang; ein müdes Pferd wird kaum scharren, es sei denn, es will sich hinlegen. Bei dieser Gelegenheit ist noch ein Wort dazu zu sagen, daß es, wie bei den anderen Untugenden, absolut unsinnig ist, Pferde etwa mit Peitsche und Brüllen erziehen zu wollen. Diese Art der Korrektur erzeugt Unruhe, Kopfscheuheit, Widerstand und damit alles andere als Abhilfe. Nach wie vor gilt der Satz, daß ungehorsame Pferde nur durch Arbeit gehorsam werden. Pferde haben als bewegungsfreudige Tiere den körperlichen Drang zur Bewegung. Wenn ein Pferd scharrt, dann will es etwas, zumindest etwas anderes, als im Stall stehen. Scharren ist der Ausdruck für Begierde und Ungeduld, es ist ein echtes Ausdrucksmittel für: *ich will.* Hat ein Pferd die Erfahrung gemacht, daß es von den Menschen etwas bekommt, wenn es scharrt, dann wird es schnell zum Bettler, und das kriegen Sie nie mehr aus ihm heraus. Pferde scharren aber auch – ohne daß es ihnen etwa »beigebracht« worden wäre –, wenn sie hungrig oder durstig sind: Sie wollen gehen – zum Futter, zur Tränke.

Scharren kann selbstverständlich auch bedeuten, daß ein Pferd krank ist. Die damit verbundenen Symptome setzen wir als bekannt voraus und sollen hier *nicht* Gegenstand unserer Untersuchung sein.

In diesem Zusammenhang ein Wort zum wöchentlichen »Stehtag« (Ruhetag), einer aus falschverstandener Tierliebe eingeführten Maßnahme. Der Ruhetag sollte eine Erholungspause für die Pferde sein, aber kein »Steh«tag. Für Pferde ist der Stehtag kein Ruhetag, sondern eine Qual und, wie wir gesehen haben und auch weiter sehen werden, Quelle zahlreicher Unarten und Krankheiten, das »Brot der Tierärzte«. Praktisch sieht ein Stehtag im schlimmsten Fall so aus, daß z. B. am Sonntag ein ausgedehnter Ausritt stattfand oder man auf Turnier war. Die Pferde haben vielleicht einen Muskelkater und stehen nun den halben Sonntag und den ganzen Montag im Stall – ohne Bewegung, die sie so dringend nötig hätten, um ihre Muskeln zu lockern und die angestaute Milchsäure abzubauen. Der Stehtag wäre sinnvoller, wenn man seinen Liebling am Halfter nähme und mit ihm spazieren ginge. Ruhepause vom Sattel, vom Zwang – ein klein wenig Freiheit, das wäre richtig. Wenn dazu keine Möglichkeit gegeben ist, wie etwa mitten in einer Stadt, so sollte man die Pferde wenigstens in der Halle laufen lassen.

Haferstreuen

Manche Pferde verstreuen, ehe sie überhaupt richtig zu fressen angefangen haben, ihren Hafer mit viel Schwung nach rechts und links über den Krippenrand auf den Boden – eine sinnlose Sache, denn anschließend versuchen sie, den verstreuten Hafer wieder aus der Streu aufzuklauben. Eine Unart, die oft auch vom Fohlen der Stute abgeschaut worden ist. Als Abhilfe ist dazu zunächst einmal zu empfehlen, die Ration nicht auf einmal in die Krippe zu geben, denn eine volle Krippe reizt von vornherein zu solchem Verhalten. Die in Portionen aufgeteilte Ration bedeckt den Boden und kann nicht »aus dem Vollen« verstreut werden. Die zweite Möglichkeit der Abhilfe ist, die Krippe zu verändern. Es gibt heute Krippen mit einem innen überstehenden Rand, der Hafer kann nicht darüberschwappen. Man kann die Krippe aber auch durch Stege unterteilen. So wird es dem Pferd unmöglich gemacht, den Hafer durch einen Kopfschlenker hinauszuschleudern. Auch eine am Boden durch größere Buckel versehene Krippe erschwert dieses Schleudern, das Pferd ist gezwungen, den Hafer aus den Vertiefungen herauszuholen. Wenn die Krippe groß genug ist, kann man auch einen Salzstein – im Ganzen oder in Stücken – hineinlegen.

Eine weitere, nicht einmal so abwegige Maßnahme ist, das Pferd am Boden zu füttern. Dies kann entweder in einer flachen Krippe am Boden geschehen, die nach dem Füttern wieder herausgenommen werden muß, oder, wenn der Boden als Futterplatz dafür geeignet und entsprechend saubergehalten wird, direkt auf dem Boden. Es ist nicht einzusehen, weshalb das Pferd sein Futter nicht vom Boden als naturgegeben aufnehmen soll. Voraussetzung ist, wie gesagt, eine saubere Ecke, die es dem Pferd ermöglicht, die Ration ohne Schmutz – Sand, Holzteile – aufzunehmen.

Es gibt Pferde, die es prächtig verstehen, jede Krippe, besonders solche aus Plastik, binnen kurzem zu demontieren und zu zerlegen; man sollte ihnen eine betonierte Krippe installieren oder aber auf dem Boden füttern. Bei dieser Fütterungsart wird auch die Verletzungsgefahr an der Vorhand, z. B. am Karpalgelenk, vermieden, die beim Demolieren der auf den Boden gestellten Krippe möglich sein kann.

Weben

Das Weben ist eine sehr lästige Untugend, bei der das stehende Pferd sich fortlaufend auf den zumeist etwas gespreizten Vorderbeinen hin- und herbewegt. Das Gewicht wird dabei jeweils von dem einen auf das andere Vorderbein verlegt, wobei notwendigerweise die Gelenke und Sehnen der Vorderbeine über Gebühr strapaziert werden, zumal dieses Hin- und Herpendeln stundenlang ausgeführt werden kann. Weben ist mit Sicherheit eine Ausgleichshandlung für zu wenig Bewegung. Bekannt ist es auch von anderen in Gefangenschaft gehaltenen Tieren, z. B. von Elefanten, Kamelen, Bären. Weben kann auch andere Pferde anstecken. Der Nachahmungstrieb ist in diesem Fall ein nicht zu übersehender Faktor. Webende Pferde sollten in jedem Fall so gestellt werden, daß sie von anderen Pferden nicht beobachtet werden können.

Bei an sich gut geplanten Stallanlagen führen die Boxentüren oft ins Freie. Die Oberteile der zweiteiligen Türen können offengehalten werden. Die Pferde haben Gelegenheit, dem Geschehen auf dem Hof zuzuschauen, können einander beobachten, haben frische Luft und – so glauben wir – fühlen sich nicht eingesperrt. Hier liegt ein Fehldenken vor, denn gerade bei Pferden in solchen Stallanlagen zeigt sich öfter der Hang zum Weben. Wohl haben die Tiere Anteil am Geschehen dort draußen, aber sie können nicht heraus aus ihrem, wenn auch noch so komfortablen Pferch – und schon kann der Anfang zur Ersatzhandlung, zum Weben, gemacht werden; dies erst recht, wenn das Pferd links oder rechts oder, noch schlimmer, das Gegenüber dazu animiert. Ratsam ist es, die obere Boxentür geschlossen zu halten und die untere zu öffnen.

Anlaß zum Weben kann aber ebenso gegeben sein, wenn ein Pferd in Erwartung des Hafers emotional hin- und herzupendeln beginnt. Pferde kennen ja – dies wurde bereits erwähnt – ihre Futterzeiten genau; weniger bekannt dürfte aber sein, daß ihre innere Uhr immer etwas vorgeht.

Hat ein Pferd zu weben begonnen, ist Abhilfe äußerst schwer, wenn nicht gar unmöglich. Man hat es mit Gewichten probiert, die den Pferden an den Fesseln angelegt werden. Die Verletzungsgefahr ist dabei jedoch nicht zu übersehen. Wie bei allen Maßnahmen gegen Untugenden, besteht die Notwendigkeit, selbst die unglaubhaftesten Methoden auszuprobieren, um zum möglichen Erfolg zu kommen. Man hat z. B. die Wände der Boxen mit

Beim Weben werden die Sehnen, Bänder und Gelenke der Vorderbeine auf die Dauer überstrapaziert.

senkrechten Zebrastreifen bemalt, um dem Pferd durch die Pendelei den Eindruck schwankender Streifen zu vermitteln. Auch am Körper angebundene Gewichte, die schließlich beim Weben Gegenbewegungen erzeugen, sollen geholfen haben. Eine weitere Abhilfemaßnahme ist es, dem Pferd am Halfter einen Strick anzuschnallen, an dessen Ende ein Gewicht hängt. Der Strick wird durch eine in der Boxenwand angebrachte Öse geführt, und das Pferd ist gezwungen, beim Weben ständig das Gewicht mitzuziehen. Dies kann ein Stein von ca. 25 Pfund Gewicht sein. Glaubhaft, daß dem Pferd die Mühe zuviel werden kann. Pferde, die genügend Bewegung haben, sei es durch Arbeit oder Auslauf, werden kaum zu Webern werden.
Eine nicht so weit vom Weben entfernte Untugend ist das ewige im Kreis Wandern in der Box. Grundsätzlich ist zu sagen, daß ein müdes Pferd kaum noch Lust verspüren wird, in der Box zu wandern. Zeigt es eine solche Untugend, dann fehlt ihm die Beschäftigung. Überlegen Sie, ob sie ihm nicht einen Boxengenossen z. B. in Gestalt einer Ziege geben sollten. Es hat schon häufig die lustigsten Tierfreundschaften gegeben, die zum Wohlbefinden beider beigetragen haben.

Kronentreten, Schildern

Diese Unart besteht darin, daß die Pferde mit einem Hinterfuß auf den Kronenrand des anderen Hinterfußes treten oder darauf schaben bzw. kratzen. Dabei kommt es oft zu Verletzungen des Kronenrandes. Auch dieser Folge der Langeweile ist schwer beizukommen. Die einzige Möglichkeit besteht darin, dem Pferd Springglocken anzulegen, so daß zumindest die Verletzungsgefahr ausgeschaltet ist.

Wenn das Pferd mit einem der Vorderbeine über dem anderen steht, nennt man das Schildern. Auch hier können Springglocken die bestmögliche Verhinderung von Verletzungen sein.

Im Winter ist insbesondere darauf zu achten, daß Pferde im Stall grundsätzlich keine Stollen tragen sollten. Es hat sich eingebürgert, die Stollen für die Zeit

Schildern

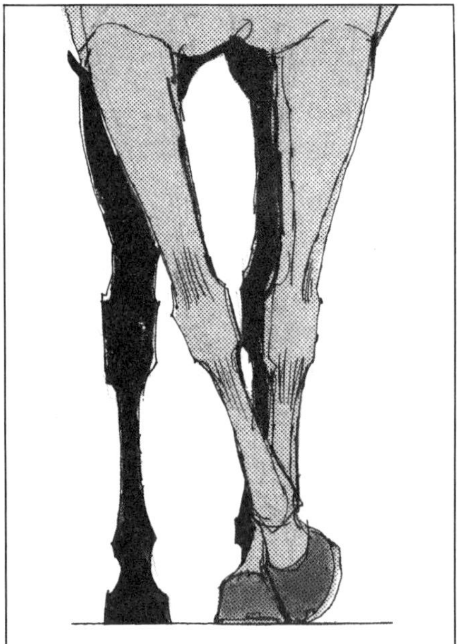

Kronentreten

Gummiglocken mit und ohne Verschluß.

des Stallaufenthalts nicht aus den Hufeisen herauszunehmen. Dieser Mühe sollte man sich aber unterziehen, denn es gibt noch weitere Möglichkeiten, daß sich das Pferd verletzt, als die oben angeführten (z. B. Stollbeule).
Es ist ratsam, den Tierarzt dann zu konsultieren, wenn der Verdacht bestehen könnte, daß das Pferd einen Fuß auf den anderen stützt, um den Sehnenapparat zu entlasten. Dann liegt die Wahrscheinlichkeit vor, daß das Pferd an einer Tendinitis (Entzündung) des Unterstützungsbandes der Hufbeinbeugesehne leidet.

Schweifreiben (Schweifscheuern)

Eine Erscheinung, die im Sommer relativ häufiger auftritt als im Winter: Das Pferd versucht durch Reiben des Schweifansatzes an Wänden, Gattern oder Bäumen, einen Juckreiz zu beseitigen. Zunächst stehen die Schweifhaare im Ansatz häßlich wirr durcheinander, weiterhin werden diese Stellen kahl oder im fortgeschrittenen Stadium wund. Der Juckreiz befindet sich entweder in der Schweifrübe, im After oder im Genitalbereich. Im ersten Fall ist Unsauberkeit die Ursache. Die Haare im Schweifansatz sollten daher täglich mit der Wurzelbürste sorgfältig gebürstet werden. Falls Milben, die besonders bei

Schweifreiben und die Folge davon.

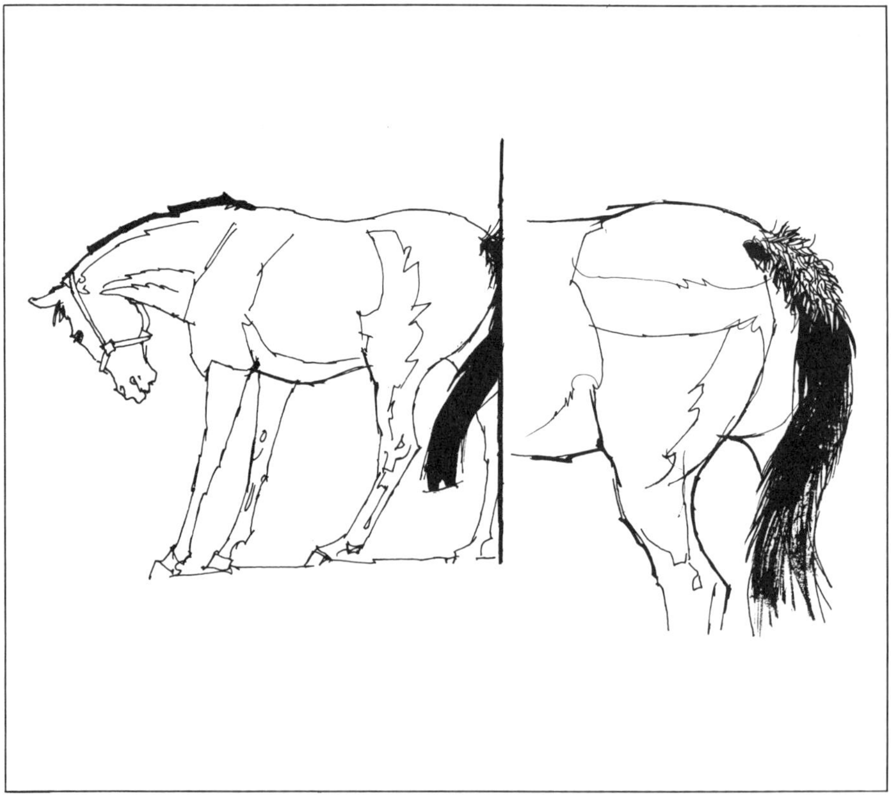

schwitzenden Pferden einen hervorragenden Nährboden vorfinden, der Grund des Schweifscheuerns sein sollten, wäre dies für den Tierarzt ohnehin anzeigepflichtig. Eine zweiprozentige Salizyllösung oder eine zehnprozentige Benzylbenzoat-Lösung (in Alkohol) hat sich in den beiden genannten Fällen als heilsam erwiesen. Man sollte Sorge dafür tragen, daß die einmassierte Lösung nicht an After- und Genitalbereich gelangt. Es darf im übrigen wohl als Selbstverständlichkeit angenommen werden, daß täglich After und Schweifrübenunterseite mit einem Schwamm geputzt werden.
Ursache für den lästigen Juckreiz können aber auch Würmer sein. Dafür ist der Tierarzt zuständig. Mehrmalige Entwurmung im Jahr sollte ohnehin die Regel sein. Auch Grasproteine oder Unkraut-Allergien rufen Juckreiz hervor. In diesem Fall ist ebenfalls der Tierarzt zu rufen.
Stuten haben mitunter zur Zeit der Rosse die Angewohnheit, die Schweifwurzel zu reiben. Hier hilft der Schweifschoner oder das Einbandagieren der Schweifrübe.

Schweifschoner und Einbandagierung der Schweifrübe.

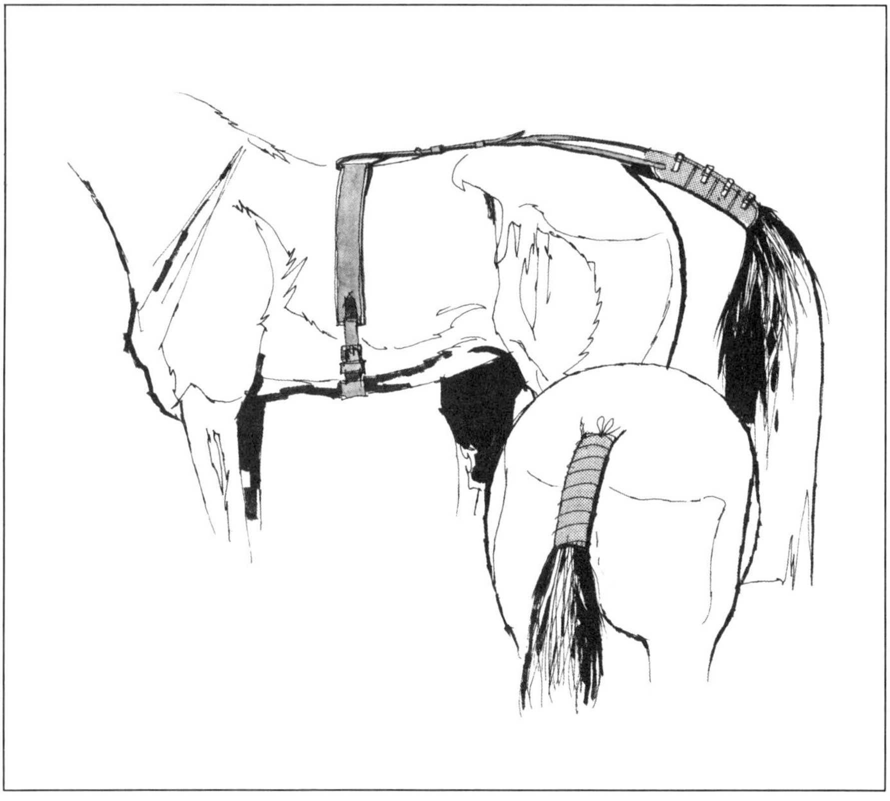

Deckenreißen

Eine sehr kostspielige Unart ist das Deckenreißen. Decken sind nicht billig, und es gibt Pferde, die es fertigbringen, jede Decke schnell in saubere Streifen zu zerlegen. Ist der Grund, weshalb ein Pferd eine Decke herabreißt, keine Hautreizung, dann bedeutet das Deckenreißen, daß es dem Pferd einfach nicht paßt, eine Decke auf seinem Rücken liegen zu haben. Decken werden viel zu oft und zu unpassenden Gelegenheiten aufgelegt. Das Schutzkleid des Pferdes, die gesamte äußere Struktur seines Fells, ist so ausgelegt, daß einem Pferd im Stall Temperaturen bis zu 6 Grad über Null hinab gar nichts tun. Wichtig ist nur, daß der Stall keine Zugluft hat und daß er nicht feucht oder dämpfig ist. Trockene, kühle bis kalte Luft schadet keinem Pferd bei guter Ernährung und guter Streu. Warum also sollte man Pferde zudecken? Naßgeschwitzte Pferde gehören sowieso nicht in den Stall, bevor sie nicht restlos trockengeführt oder trockengerieben sind. Hat ein Pferd einen ausgesprochen dicken Winterpelz, ist das Scheren zu überlegen.

Kranke Pferde müssen dagegen manchmal eingedeckt werden. Was ist nun zu tun, wenn ein Pferd doch noch so munter ist und versucht, sich von der Decke zu befreien? Oft sitzt die Decke nicht richtig, sie rutscht während der Nacht unter den Bauch, und das Pferd versucht, den störenden Gegenstand loszuwerden. Es kann auch geschehen, daß die Decke beim Aufstehen zerrissen wird, weil das Pferd darauf steht oder sich verheddert hat und mit den Beinen hängenbleibt. Ja, das Pferd kann sogar in Panik geraten, wenn die Decke über den Kopf gerutscht ist und vielleicht dabei auf dem Kopf hängenbleibt. Decken sollten also so sitzen, daß sie nicht von allein ihre Lage ändern können. Außer dem Schweifriemen soll die Decke mit zwei angenähten Gurten um den Leib gesichert sein. Selbstverständlich muß die Decke auch an der Brust verschnallt werden können. Günstig sind auch Diagonalschnüre hinten, die die Deckenenden unter dem Leib des Pferdes zusammenhalten. Empfehlenswert ist ferner ein zweiter Gurt ein paar Handbreit hinter dem vorderen Gurt. Die Decke liegt gesicherter und läßt sich nicht so leicht verschieben. Mit diesen Mitteln ist zunächst einmal sichergestellt, daß dem Pferd die Decke nicht beim Liegen durch Verrutschen lästig wird.

Ein bewährtes Mittel, das Herunterreißen zu verhindern, ist der Maulkorb. Er ist keine sehr schöne Abhilfe und grenzt an Tierquälerei, denn er macht es dem Pferd unmöglich, zu fressen und zu saufen. Das Pferd wird – besonders

Befestigungsarten von Stalldecken.

Verschiedene Beißkorbformen.

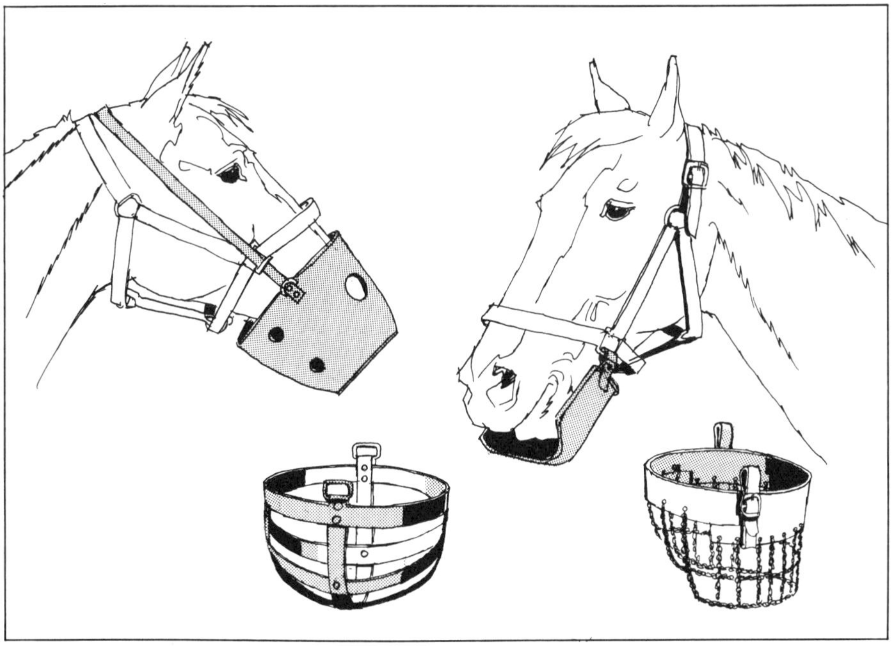

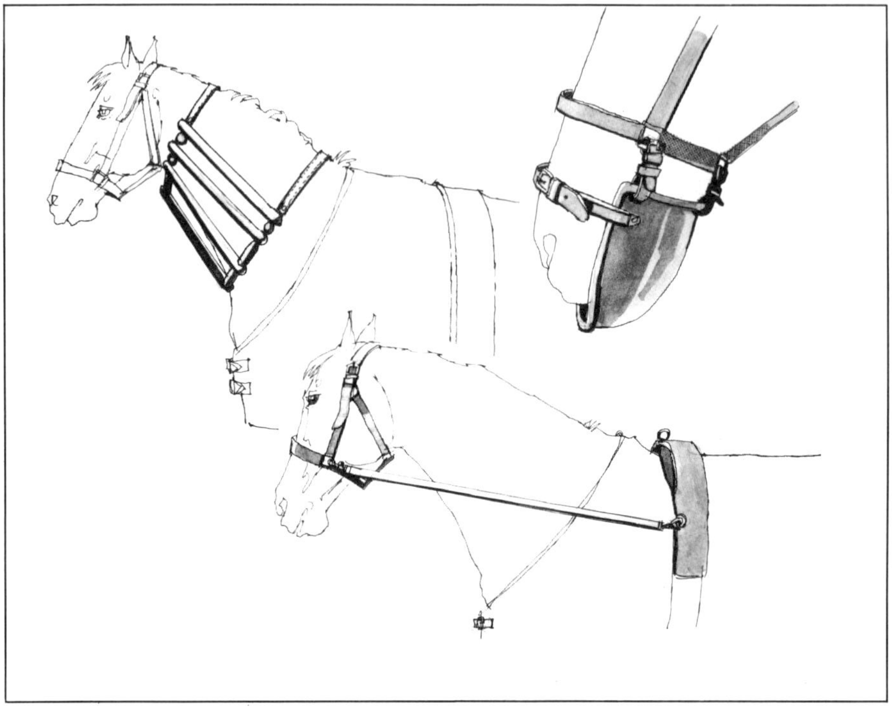

Hilfsmittel gegen Deckenreißer: Halskrause *(links)*, Stock *(unten)*, halber Beißkorb *(rechts)*.

bei größerer Lebhaftigkeit – mit allen Mitteln versuchen, den Maulkorb abzustreifen oder zu demolieren. Besser ist ein Kettenbeißkorb, der die Futter- und Wasseraufnahme einigermaßen ermöglicht, jedoch den Biß in die Decke verhindert.
Eine weitere Möglichkeit ist ein halber Beißkorb, der nur aus der Unterseite des Beißkorbes besteht. Auch damit kann das Pferd fressen – aber nicht beißen. Besonders diese letztgenannte Möglichkeit ist empfehlenswert.
Noch zwei weitere Methoden möchte ich erwähnen, jedoch nicht empfehlen: Da ist einmal ein hölzerner Kragen aus Stäben, eine Halskrause. Das Pferd kann zwar fressen und den Kopf bewegen, sich jedoch nicht im Hals drehen und damit nicht an die Decke gelangen. Die Stäbe sind aber eine arge Behinderung. Noch schlimmer ist der Deckenreißerstock, der mit dem einen Ende des Stockes am Halfter befestigt wird und mit dem anderen am Gurt der Decke. Dieser Deckenreißerstock behindert das Pferd noch mehr als der Holzkragen, er läßt ihm fast keine Bewegungsmöglichkeit mehr und ist damit eine echte Tierquälerei. Selbst längeres Anlegen ist immer noch »humaner« als die eben genannten Maßnahmen.

Beißen

Beißen hat verschiedene Ursachen; es kann aus Neckerei, aus Futterneid ebenso wie aus fehlerhaftem Putzen entstehen. Im Trieb zur Widersetzlichkeit kann Beißen auch ein Ausdruck für mangelnde körperliche Bewegung sein. Oft wurden schon bei der Aufzucht des Fohlens Fehler gemacht. Kleine Fohlen verleiten zum Spielen, besonders wenn sie Einzelfohlen sind. Es dauert nicht sehr lange, dann enden diese Spielereien in Derbheiten, denn das Fohlen kennt ja nicht das Verhältnis seiner Stärke zu der des Menschen und betrachtet diesen zunächst als Spielkameraden und später als den, mit dem man auch raufen kann. Die Achtung vor dem Menschen ist bald dahin.
Mögliche Reaktionen aus diesem Fehlverhalten sind beim Menschen schnelle Abwehrbewegungen und Schläge. Das Vertrauen des Pferdes ist gestört, und es reagiert nun seinerseits z. B. durch Beißen. Allerdings sollten Sie dann kurz und energisch reagieren, um schon den Ansatz zu ersticken.
Kitzlige Pferde lernen das Beißen schnell, wenn sie zu derb beim Putzen behandelt werden. Solche Pferde sollte man dann eben nicht mit dem Metallstriegel putzen und schon gar nicht da, wo sie besonders empfindlich sind. Es gibt für das Pferd angenehmere Striegel als die aus Metall, die nicht weh tun und doch den gleichen Effekt der Sauberkeit haben. Oft beißen besonders Stuten auch beim Satteln oder Anziehen des Sattelgurts. Sie beißen in die Krippe, in einen Pfosten – oder den, der ihnen die Unannehmlichkeit bereitet. Speziell empfindsame Pferde mit starkem Willen neigen dazu. Hier sollte man überlegen, wie man diese dem Pferd unangenehme Prozedur angenehmer machen kann. Schläge nützen da gar nichts, Anbrüllen auch nicht; leises und zärtliches Reden ist eine bessere Möglichkeit. Auch den Versuch der Ablenkung sollte man machen. Der Sattelgurt sollte, vielleicht nur an einer Strippe, ganz locker angeschnallt werden. Manchmal hilft es auch, ein paar Schritte zu führen, wieder leicht nachzugurten und sich beim Aufsitzen helfen zu lassen, damit der nicht festliegende Sattel zwar liegen bleibt, aber der Gurt nicht beengt. Eine Kleinigkeit zum Naschen zu geben als Belohnung oder zur Ablenkung, ein Klopfen auf den Hals ist besser, als dem Pferd eine Schimpfkanonade an den Kopf zu werden, die es ohnehin nicht versteht, deren Tonfall aber die Beklemmung durch den Gurt auch nicht wegnimmt.
Ein Pferd kann sehr wohl durch falsche Behandlung bösartig werden; in früheren Zeiten hat man Pferde sogar zum Beißen und Schlagen im Kampf

erzogen. Diese negativen Charaktereigenschaften eliminiert man jedoch in der heutigen Zuchtauswahl; heute wird kaum ein Pferd als Beißer geboren.
Sind die Pferde auf der Koppel unter sich, sorgt zumeist eine energische Leitstute für Ordnung. Die Rangordnung ist sehr bald hergestellt, es wird auch nicht mehr als nötig gebissen. Anders ist es, wenn ein Mensch in diese Gemeinschaft eindringt. Neid und Mißgunst, Aggressionen und Bösartigkeit können Pferde zu Beißern machen. Aber es sind ebenso viele Fälle bekannt, daß Beißer zu angenehmen, brauchbaren Tieren wurden, wenn nur das Vertrauen wiederhergestellt wurde. Oft kann eine Umstellung im Stall oder die Verlegung in einen anderen Stall eine Änderung bringen, denn das Verhalten im Stall ist auch abhängig von der Zuneigung zu den Nachbarn. Es gibt unter den Pferden große Sympathien und Antipathien, Unzufriedenheit hat oft neurotische Erscheinungen zur Folge.
Wenn ein Pferd zum Beißer geworden ist, dann sollte die Rückerziehung durch einen Menschen geschehen, den das Pferd akzeptiert. Auch die Zuneigungen der Pferde zu Menschen differieren. Falsch ist es, solche Pferde abzusondern. Es sollte Sorge dafür getragen werden, daß diese Pferde in der Box nicht geneckt werden. Bei der Rückerziehung hat es sich vorteilhaft erwiesen, Pferde ruhig mal hungern zu lassen, damit sie ihr Interesse dem Futter zollen und nicht dem Menschen. Auch hier ist es gut, beruhigend mit dem Pferd zu reden.
Übrigens behauptet MÁDAY, man könne – nach den Erfahrungen eines Zirkusdirektors – Pferden das Beißen abgewöhnen, wenn man ihnen das Finden und Apportieren von Gegenständen beibringen würde. Eine andere Meinung dagegen besagt, daß man sich von chronischen Beißern schnellstmöglich trennen solle.

Schlagen, Nicht-Beschlagen-Lassen

Eine weitere Form der Bösartigkeit ist das Schlagen. Aber auch ein Schläger wurde nicht als Schläger geboren, wenngleich schon jüngste Fohlen reflexartige Bewegungen in der Hinterhand zeigen, die kaum aus irgendeiner Erfahrung resultieren. Schläger werden Pferde durch falsche Behandlung. Die Reaktion auf falsche Behandlung kann sich soweit steigern, daß Pferde allein schon beim Nahen eines Menschen die Ohren anlegen und schlagen. »Könner« verstehen es, auch ohne jede sichtbare Ankündigung sofort zu schlagen. Wir sollten dabei folgenden Unterschied klar herausstellen: Schlagen aus Bösartigkeit ist etwas anderes als Schlagen aus Übermut, Futterneid, Rosse, Trächtigkeit oder Kitzligkeit. Ein Sprichwort lautet: »Hüte dich vor der Vorhand des Hengstes und der Hinterhand der Stute«, und ein weiteres zum Schlagen aus Futterneid: »Willst du den Charakter eines Menschen kennen-

Querstangen in den Ecken der Koppeln ermöglichen in die Ecke gedrängten Pferden das Ausweichen vor Schlägern.

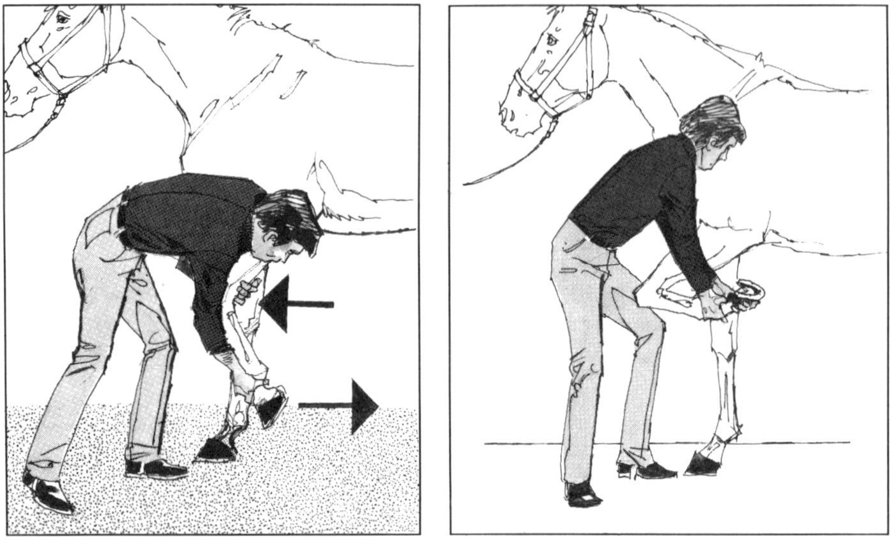

Aufheben eines Vorderfußes. Um den aufgehobenen Fuß leichter halten zu können, ist es vorteilhaft, das Karpalgelenk auf den Oberschenkel aufzustützen.

lernen, so mußt du ihn während des Schlafes stören; um die Natur eines Pferdes zu erkennen, genügt es, es bei der Mahlzeit zu stören.«

Hier wollen wir uns in erster Linie mit dem Schlagen nach dem Menschen beschäftigen. Eine spätere Untersuchung wird sich mit den Schlägern unter dem Sattel beschäftigen. Schlagende Pferde, die in Ständern stehen, sind schwerer zu meistern als die, die Boxen haben. An einen Schläger nie von hinten herantreten! Man sollte ihn erst ansprechen und dann energisch und ohne Zögern herantreten. Hat ein Pferd erst einmal die Angst des Menschen mitbekommen, wird es stets die Oberhand haben. Zumeist sind bei Schlägern schon im Fohlenalter Fehler gemacht worden.

Fohlen sollen schon sehr bald daran gewöhnt werden, sich die Füße aufheben zu lassen und sich überall berühren und putzen zu lassen. Diese kleine Mühe der frühen Beschäftigung mit den Fohlen macht sich in späteren Jahren bezahlt. Es soll allerdings eine gezielte Beschäftigung und kein Spielen sein. Necken und Reizen ist das Falscheste überhaupt. Man sollte allerdings auch eine eindeutige Grenze zwischen dem Pferd und dem Menschen ziehen; sehr oft genügt ein gezielter Hieb mit der Gerte, um aggressive Pferde zur Vernunft zu bringen.

Das Schlagen der Pferde untereinander auf der Koppel kann man nur verhindern, den Tieren jedoch nicht abgewöhnen. Als erstes müssen dem Schläger die Hintereisen abgenommen werden. Die Verletzungsgefahr ist bei einem Schlag mit Eisen zu groß. Zum anderen müssen solche Pferde gesondert auf

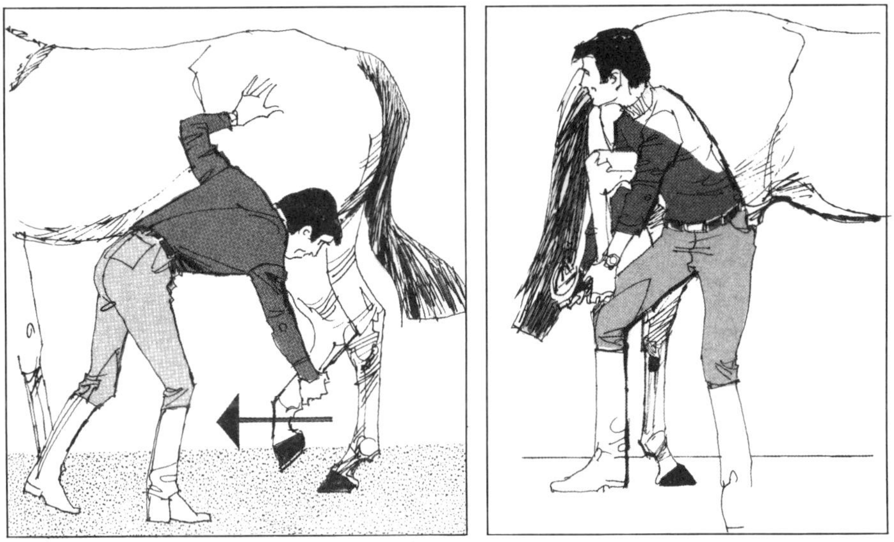

Aufheben eines Hinterfußes. Zur Unterstützung kann man den Fuß auf den Oberschenkel abstützen.

die Koppel gelassen werden, falls man selbst nicht soviel Zeit zur Verfügung hat, sich stundenlang mit einer Gerte bewehrt auf die Koppel zu stellen. Zur Verhütung von Keilereien in den Koppelecken – falls ein Kontrahent in die Ecke gedrängt werden sollte – ist es ratsam, die Koppelecken durch Querlatten abzurunden.

Im Stall fesselte man früher die Pferde oder verband die Hinterhand über eine Öse des Bauchgurts mit dem aufgesetzten Kappzaum, so daß sich das Pferd selbst strafte, wenn es schlug. Ein zeitweise verkehrt In-den-Stand-Stellen kann eventuell abhelfen, zumindest bringt es Sicherheit z. B. bei der Stallarbeit. (S. hierzu auch Seite 47.) Besser ist es zu versuchen, mit unendlicher Geduld und Ruhe das Vertrauen des Pferdes zurückzugewinnen. Auch hierbei spielt die Sympathie des Pferdes für den Pfleger oder Reiter eine große Rolle. Im Stall sollte dann aber auch niemand anderes als dieser Mensch sich mit dem Pferd beschäftigen.

Wie beim Scharren liegt auch beim Schlagen mit der Vorderhand die Ursache an der Ungeduld, falls es nicht Ausdruck eines Schmerzes ist (z. B. Kolik). Daneben kennen wir ein nahezu aggressives Ausschlagen mit der Vorderhand, das sich zumeist aus dem Betteln entwickelt hat. Natürlich dürfen Sie Ihr Pferd verwöhnen; da aber nun einmal auch bei Pferden die Charaktere verschieden sind, sollten Sie die Grenzen wahren und einer schlimmer werdenden Bettelei Einhalt gebieten. Tritt der Fall ein, daß Ihr Pferd mit der Vorderhand nach Menschen ausschlägt, hilft nur die Gerte. Der Schlag (von vorn an das Röhrenbein) muß jedoch spontan und unmittelbar erfolgen, denn wenn Sie erst weglaufen müssen, um die Gerte zu holen, kommt die Strafe zu spät und ist wirkungslos, weil sie das Pferd nicht in Zusammenhang bringen kann.

Besondere Ruhe und Entschlossenheit sind notwendig, wenn es ums Beschlagen geht. Auch in diesem Punkt wird bereits bei der Erziehung des Fohlens oft der erste Fehler gemacht. Die Hufe der Fohlen müssen nun mal sorgfältig bearbeitet werden, damit sich später keine irreparablen Stellungsfehler ergeben. Für diese Bearbeitung durch den Schmied muß das junge Pferd lernen, die Beine herzugeben. Da heißt es mitunter, kräftig und energisch anzupakken, denn hat ein Pferd erst einmal gelernt, daß der Mensch doch nicht so stark ist, wird es immer wieder versuchen, das Bein wegzureißen.
Oft werden aber auch schon die Versuche, ein Bein aufzuheben, falsch angegangen. Sowohl Vorder- wie Hinterbein gibt das Pferd eher her, wenn man beim Anheben das Bein etwas nach vorn zieht. Man kann auch versuchen, das Vorderbein im Karpalgelenk zum Einknicken zu bringen. Das Fesselgelenk soll mit beiden Händen fest umschlossen gehalten werden. Beim Hinterbein ist es wichtig, daß es beim Halten auf dem Oberschenkel des Haltenden liegt und somit nicht wieder entzogen werden kann. Gut ist es, wenn ein Helfer das Pferd ablenkt, indem er mit dessen Oberlippe spielt oder

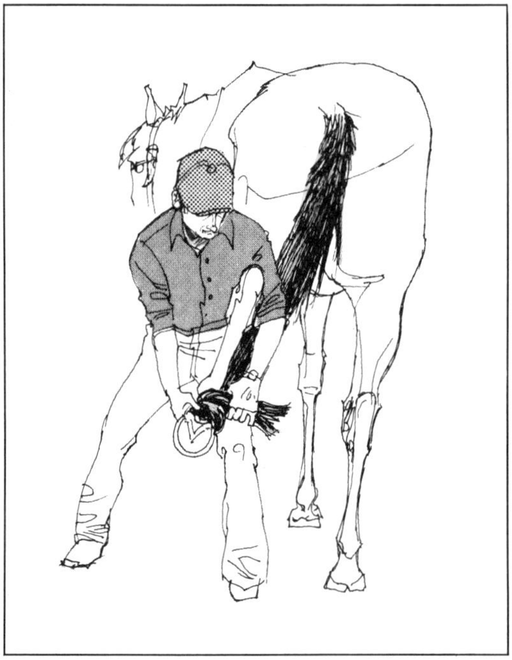

Wenn man das Ende des Pferdeschweifs um das Fesselgelenk des aufzuhebenden Hinterfußes windet, gibt das Pferd eher Ruhe; außerdem hält es seinen Fuß praktisch selbst in die Höhe.

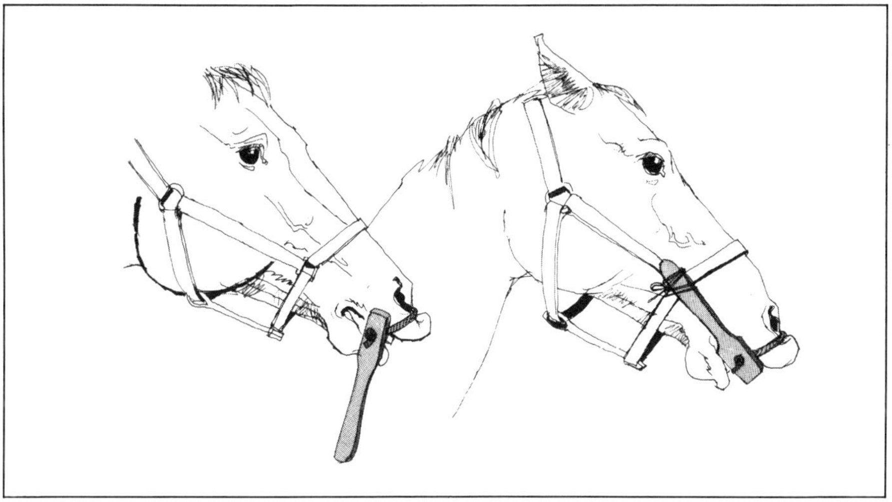

Die Nasenbremse soll nie ständig fest angezogen sein, sondern nachgelassen werden, wenn das Pferd die gewünschte Reaktion gezeigt hat. Absolut abzulehnen ist die leider oft gehandhabte Methode, die Bremse festzubinden *(rechts)*.

mit der Hand über seine Stirn streicht. Ein gutes Mittel, die Hinterhand mit weniger Mühe festzuhalten, ist, nachdem man den Hinterfuß hochgehoben hat, das Schweifende des Pferdes um das Fesselgelenk zu schlingen. So bestraft es sich beim Ausschlagen selbst durch einen Ruck am Schweif.

Gibt nun ein Pferd das Bein überhaupt nicht her oder gelingt es ihm dennoch, beim Beschlag auszuschlagen, und waren alle Mittel, das Pferd abzulenken, nutzlos, dann hilft nur noch ein Beruhigungsmittel im Futter, bevor der Schmied kommt, die Beruhigungsspritze vom Tierarzt oder die Bremse. Wir sollten jedoch bei der Verwendung der Bremse immer daran denken, daß sie nicht dazu da ist, dem Pferd einen Schmerz zuzufügen, sondern es mit ihrer Hilfe abzulenken. Das bedeutet also: Die Bremse darf nicht willkürlich zugedreht werden, bis die Oberlippe blau ist oder gar die Haut abgeht, sondern es gilt, mit der Oberlippe zu spielen und vielleicht auch einmal etwas stärker zuzudrehen, falls es nötig sein sollte, aber auch mit dem Druck nachzugeben, sobald das Pferd folgsam reagiert. Ein gleichzeitiges leichtes Tätscheln am Hals und beruhigende Worte erleichtern es dem Pferd, die Erregung zu überstehen und sich nicht auf das zu konzentrieren, was da woanders bei ihm geschieht.

Sehr gut ist es auch, vor dem Beschlagen das Pferd müde zu reiten. Es kann nicht oft genug darauf hingewiesen werden, daß Unarten in der Regel gar nicht erst auftreten würden, wenn die Pferde genügend und vor allem regelmäßig gearbeitet würden.

Unangenehme Folgen kann das Schlagen an die Boxenwände haben bzw. bei Pferden in Ständern gegen die Flankierbäume. Prellungen und Piephacken treten in solchen Fällen häufig auf. Eine Möglichkeit, die Folgen dieser Untugend abzumindern, ist hier das Polstern der Wände; Flankierbäume sollten ohnehin umflochten sein. Besonders in den Primitivstallungen auf Turnieren sollte man schlagende Pferde so aufstellen, daß sie keinen Schaden anrichten können, denn bei Turnierpferden haben die Hintereisen zudem noch Stollen. Oft sind die Flankierbäume auch nur am vorderen Ende befestigt und liegen mit dem hinteren Ende auf dem Boden.
Um Pferden das Schlagen abzugewöhnen, band man ihnen früher oberhalb des Sprunggelenkes einen Lederriemen um, an den an einer Schnur eine Eisenkugel oder ein Stein gebunden war. Dieses Gewicht hing in der Höhe der Röhren und tat dem Pferd beim Schlagen weh.
Bekannt ist wohl die warnende rote Schleife im Schweif des berittenen Pferdes bei der Jagd oder beim Ausritt. Hier ist ein potentieller Schläger, heißt das, hier sollte man Abstand bewahren und vorsichtig sein.
Als letztes sei noch darauf hingewiesen, daß die Ursache, weshalb ein Pferd an die Wand schlägt, auch darin zu suchen sein kann, daß dem Pferd etwas fehlt. Da kann das Jucken einer Mauke oder einer Verletzung eine Rolle spielen, es kann Beschwerden im Leib haben – in jedem Fall ein Grund, den Tierarzt zu konsultieren.

Eine sehr häufige Untugend ist das »Nicht-beschlagen-Lassen«, deren Anfänge zumeist bereits in Fehlern bei der Behandlung der Fohlen zu finden sind. Pferde lernen das Aufhalten der Vorder- und Hinterbeine verhältnismäßig leicht, aber sehr oft wird dem Widerstand speziell sich rüpelhaft benehmender junger Pferde nachgegeben und die Hufbehandlung eben unterlassen (sehr zum Schaden der korrekten Beinstellungen), oder man hat keine Zeit und verfährt grob; damit ist dann sehr bald auch die entsprechende Reaktion beim jungen Pferd heraufbeschworen. Eine bewährte Methode, Fohlen gefügsam zu machen und dem Schmied das Ausschneiden der Hufe zu ermöglichen, ist folgende: In der Box, in der die Prozedur am besten durchgeführt wird, sollte reichlich Stroh sein, damit das Fohlen rutschsicher stehen kann. Ein Helfer führt das Fohlen an die Wand und sollte während der ganzen Behandlung ruhig mit ihm sprechen, es klopfen und loben. Ein zweiter Helfer drückt das Fohlen mit der Kruppe an die Wand und hebt dabei die Schweifrübe hoch. Der Schmied kann dann die Behandlung der Hufe allein durchführen. Gute Behandlung, Einfühlungsvermögen sowie Zeit und Geduld machen grobe Methoden meist unnötig.
Die Arbeit des Schmiedes ist ohnehin recht anstrengend und sollte nicht noch dadurch erschwert werden, daß das Pferd nicht ruhig steht, sondern dauernd

Links: Festhalten eines Vorderbeins und Festhalten des Hinterbeins eines Schlägers. Im Notfall kann der runde (!) Stock schnell herausgezogen werden.

Rechts: Richtiges Befestigen des Schweifs.

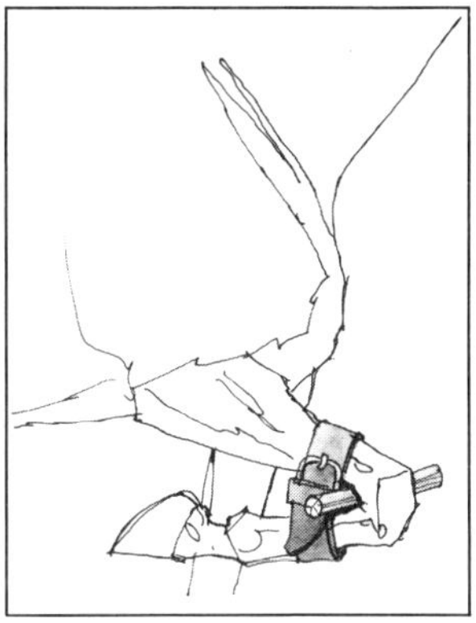

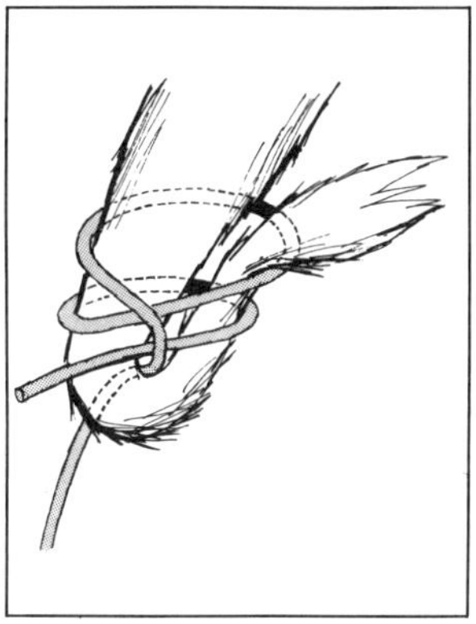

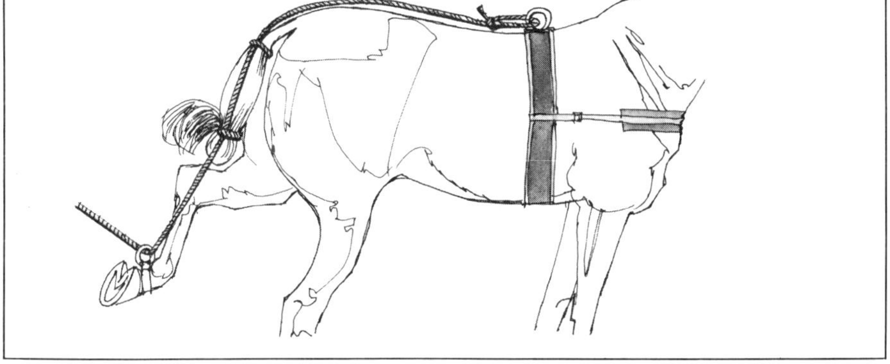

Eine kompakte Möglichkeit, nicht ohne Probleme (z. B. das Anlegen der Fessel).

Zwei weitere Möglichkeiten zum Festhalten des Hinterfußes eines Schlägers: *links* für zwei Helfer, *rechts* für einen Helfer.

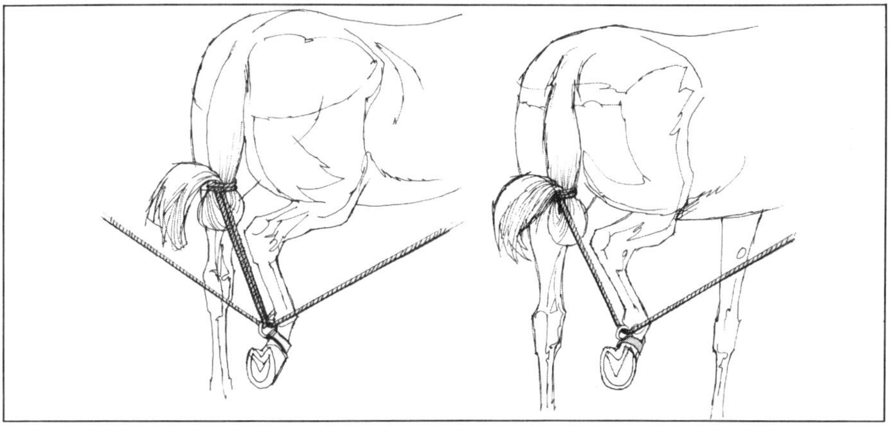

mit dem hochgehobenen Bein hin- und herzerrt. Wir haben vom Beinaufheben gesprochen, von der Bremse, die gegebenenfalls das Pferd ablenken soll, sowie von der Beruhigungsspritze durch den Tierarzt. Früher, als die Hufschmiede noch nicht in den Stall kamen, sondern die Pferde in die Schmiede gebracht wurden, waren die Tiere gerade in dieser fremden Umgebung vor Spannung eher gelähmt und fügsamer. Die Schmiede war auch mit einem Zwangsstand ausgestattet, der dem Pferd jede Bewegungsmöglichkeit nahm.
Der Vollständigkeit halber sind auf der vorangehenden Seite noch zwei Möglichkeiten aufgezeichnet, widerspenstige Pferde durch einen Strick zum Aufheben des Hinterfußes zu zwingen.
Die Problematik, die sich beim Besuch des Tierarztes ergibt, liegt etwa auf der gleichen Ebene. Es gibt Ärzte, die es verstehen, mit schwierigen Pferden umzugehen, andere indessen nicht, und es gibt viele Möglichkeiten, ein Pferd sehr schnell zu verderben. Das eine Pferd erträgt eine ungeschickte Spritze, das andere gerät schon in Aufruhr bei der Ankunft des Tierarztes an der Stalltür; da hilft nur viel psychologisches Einfühlungsvermögen, Praxis – oder ein anderer Tierarzt.
Eine unangenehme, bedrohlich erscheinende Reaktion können ängstliche Pferde zeigen, indem sie den Pfleger – oder wen auch immer – an die Wand zu drücken versuchen. Dies ist selten eine böse Absicht, sondern eher der Ausdruck großer Furcht. Man kann bei Pferden, die den Schlägen eines anderen Pferdes entgehen wollen, entdecken, daß sie Schutz davor suchen, indem sie sich Flanke an Flanke drücken. Wenn ein Pferd also aus Furcht vor einer möglichen Strafe den Menschen an die Wand drückt, so ist das keine Bösartigkeit, sondern eine Schutzreaktion, die der Mensch nicht falsch verstehen sollte, indem er nun seinerseits bös wird. Vernünftiger ist es, das Pferd zu beruhigen und davon zu überzeugen, daß keine Gefahr besteht.
Zum Schluß noch ein paar Bemerkungen zum Schlagen aus Übermut; auch das gibt es. Es ist schon manches Unglück passiert, wenn Pferde z. B. auf die Koppel gebracht, unsachgemäß geführt und ebenso unsachgemäß losgelassen wurden. Pferde sollten gehorsam sein, und man kann es ihnen absolut beibringen, ruhig und gehorsam zur Koppel zu gehen. Zwei Pferde sollten Sie ohnehin nur unter ausdrücklichem Vorbehalt nicht gleichzeitig zur Koppel führen. Es gibt zu viele Gefahrenmomente auf dem Weg dahin und beim Hineinbringen in die Koppel. Ein grober Fehler ist es, die Pferde am Koppeltor loszulassen und davonstürmen zu lassen. Da kann das Schlagen aus Übermut katastrophale Folgen haben. Sobald Sie die Koppel betreten haben, drehen Sie Ihr Pferd mit dem Kopf zu sich und lassen erst dann aus, wenn es ruhig vor Ihnen steht. So wird es Sie nie – auch wenn es buckelnd davonstürmt – erwischen können. Glauben Sie mir – man kann Pferde dazu erziehen, daß sie ruhig und gelassen sind, wenn sie in die Freiheit entlassen werden.

Festlegen

Festlegen ist zwar keine Untugend; aber es gibt doch Pferde, die es verstehen, sich selbst in geräumigen Boxen wiederholt festzulegen, so daß man zumindest von einer durch Ungeschicktheit verursachten Unart sprechen kann. Pferde können sich aber auch in Ständern festlegen. Selbstverständlich muß in einem solchen Fall das Pferd zunächst einmal von der Kette oder vom Anbinderiemen gelöst werden; unter Umständen muß man das Halfter aufschneiden, wenn es keine andere Möglichkeit geben sollte. Bei mit Standbäumen abgegrenzten Ständern ist die Sache dann ziemlich einfach: Man hängt den Standbaum aus, führt das Nachbarpferd weg, und das Pferd wird sich von allein erheben können. Bei Trennwänden oder Boxen (die Norm für Großpferde beträgt 3 × 3,5 m) muß man versuchen, unter Mithilfe weiterer Personen das Pferd in eine günstigere Lage zu bringen, indem man es am Schweif oder mittels um die Füße gelegter Seile herumzuziehen versucht. Diese Versuche sollten ganz ruhig ausgeführt werden, damit das Pferd nicht in Panikstimmung gerät. Seien Sie vorsichtig beim Ziehen am Schweif; ein Schweifwirbelbruch ist schlimm! Falsch ist es, das Pferd hochzuprügeln, wenn es einfach nicht in der Lage sein kann, sich selbst auf die Beine zu helfen. Die letzte Möglichkeit ist das Anlegen von Gurten und Seilen, wie aus den Abbildungen der folgenden Seite ersichtlich.
Es ist wohl nicht nötig, darauf hinzuweisen, daß wir hier vom Festliegen gesunder Pferde sprechen. Im Falle irgendeines krankheitsbedingten »Nicht-aufstehen-Könnens« ist selbstverständlich der Tierarzt zuständig.
Hierzu kurz die Folge des Bewegungsablaufs beim Aufstehen des Pferdes, der übrigens beim Rind in entgegengesetzter Reihenfolge vor sich geht. Bei aufgerichtetem Oberkörper zieht das Pferd die Hinterbeine so weit wie möglich unter den Körper. Die Vorderbeine werden nacheinander nach vorn gebracht und stemmen den Oberkörper hoch, wobei sie damit den Hinterbeinen ermöglichen, sich mit einem durch den ganzen Körper gehenden Ruck vom Boden abzustoßen. Es ist notwendig, diesen Bewegungsablauf zu kennen, denn aus diesem Wissen heraus kann man einem Pferd das Aufstehen erleichtern, indem man ihm die Beine entsprechend zurechtlegt.
Beim Anlegen der Gurte für die Aufstehhilfe ist zu beachten, daß dem Pferd jede Aufregung erspart werden muß. Sollte ein Pferd in Panik geraten, so ist es ratsam (nicht nur, um es vor Verletzung zu bewahren, sondern auch, um seine

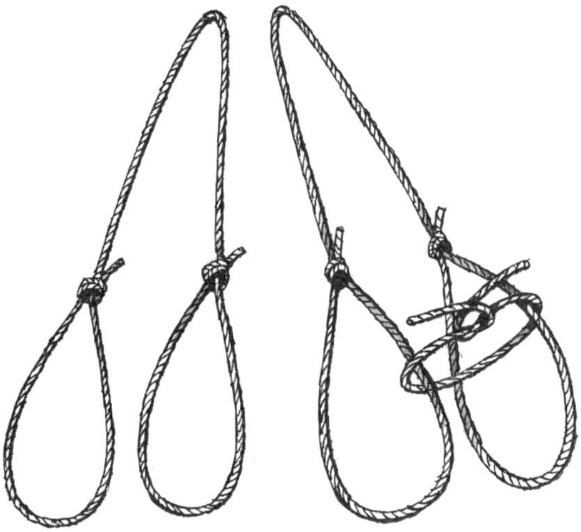

Zwei möglichst dicke Seile werden zu Schlingen geknotet, die sich auf keinen Fall zuziehen dürfen. Es empfiehlt sich, die Seile an den empfindlichen Stellen gut abzupolstern (Decken, Säcke).

Kräfte zu schonen), den Kopf des Pferdes ruhig auf dem Boden zu halten, indem sich ein Helfer auf den Hals kniet und den Kopf mit den Händen an der Kinnlade oder hinter den Ohren nach unten drückt. Manche Pferde helfen sich selbst weiter, sobald sie wieder festen Halt auf dem Boden gewinnen; es gibt aber auch Pferde, die sich – sei es durch Schock oder starke Schwäche – bis zum endgültigen Stehen aufheben lassen und sogar darüber hinaus eine Zeitlang aufgehängt bleiben müssen. Auch hier sollte der Tierarzt konsultiert werden.

Bei Pferden, die Schwierigkeiten beim Aufstehen haben, sollte entweder eine Matratzenstreu eingeführt werden oder eine Torfstreu als Unterlage dienen, damit das Pferd beim Aufstehen nicht ausrutscht, sondern im Gegenteil einen festen Halt für die Hufe findet. Bei glattem Asphalt oder bei Betonböden empfiehlt es sich, Rillen in den Boden einzufügen. Günstig sind auch schräge Boxenwände, an denen die Hufe nach oben abgleiten können statt u. U. nach unten, wie bei senkrechten Wänden. Auch durch Querlatten geschaffene Abstoßmöglichkeiten haben sich als vorteilhaft erwiesen. In der Höhe von 1–1,30 m genügen drei Latten, um den Pferdebeinen ausreichend Halt zu geben. Die Matratzenstreu soll an den Wänden zu einem kleinen Wall auslaufen. Er verhindert, daß das Pferd zu sehr an der Wand liegen kann, und gibt ebenfalls einen Halt beim Aufstehen. Schlechte Erfahrungen beim Aufstehen können ein Grund dafür sein, daß sich Pferde nicht gern hinlegen. Verhält sich das Pferd ruhig bei seinen Bemühungen aufzustehen, dann lassen Sie ihm Zeit, um Kräfte zu sammeln; mitunter geht es schneller, als man denkt.

Hochgezogene Einstreu gegen Festliegen; an den Boxenwänden angebrachte Leisten geben den Hufen Halt.

Sich-nicht-Niederlegen

Pferde vermögen sich zwar auch im Stehen einigermaßen zu erholen, zu ruhen und zu schlafen (die Konstruktion des Skelettes und des Sehnenapparates bietet dazu die notwendigen Voraussetzungen), aber das Hinlegen gehört erwiesenermaßen zum Wohlbefinden des Pferdes. Auch die vollkommene Entspannung ist durch dauerndes Stehen nicht erreichbar, obwohl von Pferden berichtet wurde, die sich ihr ganzes Leben lang nicht hingelegt haben.

Es gibt einige Gründe dafür, wieso sich Pferde nicht hinlegen; vielfach sind es körperliche Gründe. Es kann (abgesehen von älteren Pferden, die zu steif geworden sind) z. B. die Angst sein, auf Grund von Veränderungen im Sprunggelenk Schwierigkeiten und Schmerzen beim Aufstehen zu haben. Auch Pferde, die beim Liegen Beschwerden oder Beklemmungen beim Atmen – hervorgerufen durch einen Lungeninfekt – haben, vermeiden es, sich hinzulegen.

Psychische Ursachen sind oft dann der Grund, wenn Pferde neu in einen Stall gekommen sind oder sich aus anderen Gründen beeinträchtigt fühlen. Ängstliche Pferde scheuen sich zum Beispiel auch, sich hinzulegen, wenn Mäuse in der Matratze herumhuschen. Schon schlechte, schmutzige und feuchte Einstreu kann für empfindliche Pferde ebenfalls ein Grund zum Stehenbleiben sein.

Pferde, die sich losreißen, nicht aus der Box oder dem Stall gehen wollen und sich nicht führen lassen

Das Abstreifen des Halfters ist nicht mehr von so großer Bedeutung für den Pferdehalter, denn heute stehen die wenigsten Pferde in Ständern. Aber erstens gibt es diese wenig tierfreundliche Pferdehaltung eben doch noch, und zweitens wird ja ein Pferd auch mal zu anderen Zwecken angebunden. Die Vorstufe zum Halfterabstreifen ist das Zurücktreten im Stand. Aus irgendeinem Grund tritt das Pferd so weit aus dem Stand zurück, wie es eben die Länge des Anbindestricks gestattet – eine Unart, die in schmalen Stallgassen oder bei Ställen mit doppelter Standreihe unangenehme Folgen haben kann. Abgesehen davon, daß diese Pferde auf die Stallgasse misten, stören sie den Betrieb und beschwören Schlägereien herauf. Der Grund für diese Unart kann Langeweile sein, auch Neugierde und Widerwillen, ewig angebunden dastehen zu müssen, oder Ungeduld, endlich aus diesem beengenden Halfterzwang herauszukommen. Die abwegigste Maßnahme dagegen wäre die Peitsche, die im Stall ohnehin nichts zu suchen hat; auch der Schlag mit der Mistgabel oder mit dem Besen wäre falsch – abgesehen davon, daß ein guter Pferdepfleger nie so grob und unqualifiziert handeln würde. Ebenso unrichtig wäre es, das Pferd einfach kurz anzubinden, denn die Folge dürfte sein, daß das Pferd sich bemühen wird, das Halfter ganz loszuwerden. Man kann den Ständer hinten durch einen Strick oder eine Kette absperren, nimmt dabei aber in Kauf, daß das Pferd sich angewöhnt, sich daran mit Kruppe und Schweif zu scheuern. Das gleiche gilt für die ebenso mögliche Absperrstange. Bei dieser kann zudem noch die Gefahr bestehen, daß das Pferd sich förmlich draufsetzt. Stellen Sie es doch mal mit dem Kopf zur Stallgasse – für kurz natürlich.
Es gibt aber eine Möglichkeit in der Form eines Schlingenhalfters, bei der sich das Pferd selbst bestraft, wenn es zurücktritt: Die Schlinge drückt beim Zurücktreten auf den Unterkiefer. Oder aber man besorgt sich ein Spezialhalfter vom Sattler, bei dem der Kehlriemen zweifach vorgesehen ist und damit besser am Kopf des Pferdes sitzt. Diese Schlingenhalfter sind auch bei Pferden anwendbar, die absichtlich das Halfter zerreißen, denn mehr oder weniger ist der Anfang ja auch ein Zurücktreten. Es ist jedenfalls ratsamer und wirkt eher erzieherisch, wenn sich das Pferd selbst bestraft, als daß ein massiveres Halfter gegebenenfalls Anlaß für einen Unfall gibt.

Das Halfterabstreifen ist eine vom Pferdestandpunkt aus verständliche Reaktion auf das ewige Angebundensein – eine Unart, die üble Folgen haben kann. Pferde, die nachts über die Stallgasse wandern oder zu anderen in den Stand schlüpfen, bringen Unruhe in den Stall, reizen zu Schlägereien, demolieren Stalleinrichtungen, räumen Fensterbretter ab. Sie können sich gegebenenfalls über das Sattelzeug hermachen – das zwar in die Sattelkammer gehört –, die Sättel und Zäume auseinandernehmen, an die Futterkiste geraten und sich den Bauch vollschlagen, mit einer entsprechend heftigen Kolik als Folgeerscheinung.
Bei Pferden, die sich das Halfter abstreifen, nun einfach den Kehlriemen so eng zu schnallen, daß sie gerade noch Luft bekommen, ist sicherlich nicht das richtige Abwehrmittel. Besser ist es, sich vom Sattler eine der abgebildeten oder ähnliche Konstruktionen anfertigen zu lassen.

Das gleiche gilt für Pferde, die sich losreißen, sobald sie auf der Stallgasse oder vor dem Stall zu irgendeiner Verrichtung angebunden werden. Dazu ist noch zu bemerken, daß sich junge Pferde erst allmählich daran gewöhnen müssen, ausgebunden zu werden. Wenn junge Pferde lernen sollen, auf der Stallgasse

Um das Zurücktreten im Ständer zu verhindern, dienen die Halfter 1 und 2; das Pferd bestraft sich selbst, wenn es zurücktritt. Die Konstruktionen 3 und 4 machen es dem Pferd unmöglich, das Stallhalfter abzustreifen.

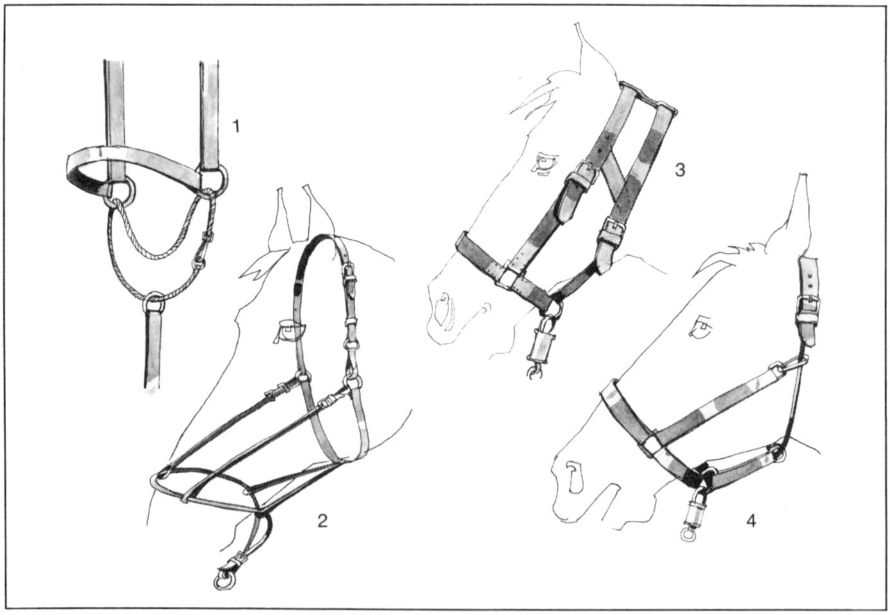

Außen zwei Knotenformen zum schnellen Lösen eines angebundenen Pferdes, in der *Mitte* ein Panikhaken, der sich durch Zug lösen läßt.

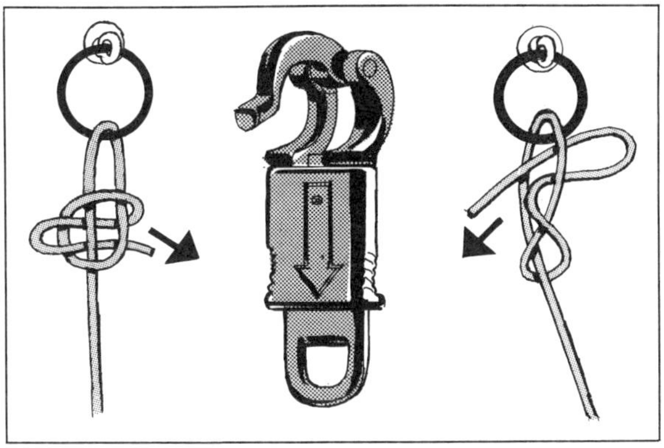

beidseitig ausgebunden zu stehen, ist es ratsam, sie bei Widerständen nicht sofort beidseitig auszubinden. Selbst auf die Möglichkeit hin, daß das Pferd nicht so ruhig steht, sollte es erst einmal lernen, auf einer Seite ausgebunden zu stehen. Die zweite Seite wird mit Geduld und ruhigem Zureden auch noch akzeptiert werden.
Wenn nun ein Pferd sich mit aller Gewalt dagegen wehrt, z. B. vor dem Stall angebunden zu werden, und sich bis zur physischen Eigenbedrohung panikartig gebärdet, dann ist mit Sicherheit in der Erziehung etwas falsch gemacht worden. PAALMAN schreibt, man solle ein Pferd, das sich weigert, angebunden zu stehen, mit einer für das Pferd leicht zerreißbaren Schnur als Bindeglied zwischen Halfter und Kette (Strick) hinstellen. Das Pferd würde es allmählich aufgeben, wenn es merken würde, daß es diesen Strick leicht zerreißen kann. Vielleicht ist das eine Möglichkeit.
Tatsache ist ja wohl, daß auf der einen Seite oft erheblicher Widerstand ein Pferd zur Vernunft bringen kann, andererseits aber leichteste, gefühlvolle Handhabe gleichfalls zum Erfolg führt. Ein extra starkes Halfter und gegebenenfalls ein Hieb auf die Kruppe können ebenso den gewünschten Erfolg haben. Wie so oft im Umgang mit Pferden muß man erspüren können, welches der richtige Weg sein könnte.

Ein Wort noch zu Pferden, die nicht aus der Box gehen wollen oder die sich nicht von Hand führen lassen wollen – eine sehr lästige Sache, die bis zur Lächerlichkeit ausarten kann: Sie kommen in die Box, ergreifen Ihr braves Pferd am Halfter und wollen es hinausführen, aber es weigert sich, auch nur einen Schritt vorwärts zu machen, und steht wie ein Sägebock breitbeinig und widerborstig da. Oder Sie haben Ihr Pferd an irgendeinem Ort an der Hand, und aus unerfindlichem Grund, ohne Anlaß des Scheuens, steht der »Bock« und rührt sich nicht von der Stelle. Zwei gravierende Fehler werden dabei häufig gemacht:

Ziehen hilft überhaupt nicht, um ein Pferd aus der Box zu bewegen, wenn es nicht will.

1. Sehen Sie dem Pferd nicht in die Augen, es sei denn, Sie wollen es lediglich beruhigen oder überreden.
2. Ziehen Sie nicht. Je mehr Sie ziehen, um so mehr Widerstand leistet Ihr Pferd, und so viel Kraft können Sie gar nicht aufbieten, zehn Zentner oder mehr widerstrebende Kraft von der Stelle zu rühren. Eher geht das Halfter oder die Trense kaputt, als daß sich das Pferd auch nur einen Millimeter vorwärtsbewegt.

Das richtige Wenden eines Pferdes geschieht immer nach rechts. So kann es sich dem kontrollierten Führen nicht entziehen. Beim Wenden nach links kann der Führende vom Pferd überrumpelt und umgestoßen werden.

Hier ist nun am ehesten ein Helfer die richtige Unterstützung. Ein kleiner – oder stärkerer – Wink mit der Gerte, präzis und deutlich angebracht, wird das Pferd davon überzeugen, daß es aus der Box heraus muß oder daß es nun endlich weitergehen soll. Ruhig mit dem Pferd sprechen, es belohnen – mit einem kleinen Schmankerl helfen, weitere Widersetzlichkeiten abzubauen.
Wenn man aber nun allein ist? Ein paar Tritte Rückwärtsrichten können helfen, auch ein Beiseiteschieben des Pferdes mit der Schulter, denn allein schon wenn das Pferd ein Bein bewegen muß, kann der Impuls zu weiteren Schritten gegeben sein. Immer *rechtsherum* das Pferd um die Hinterhand führen! Sie wissen ja: Nie ein Pferd nach links (an der Hand) wenden! Nehmen Sie ein Stöckchen und treiben Sie Ihr Pferd – wie bei vorbereitender Handarbeit – um die Vorhand; dieser Bewegungsimpuls wird mit Wahrscheinlichkeit das Pferd veranlassen, vorwärts zu gehen. Nicht prügeln und auch nicht brutal nach rückwärts zerren – dies ruiniert die Gelenke und das Gemüt.
Sollte Ihr Pferd aber zu temperamentvoll vorwärts gehen und weder auf einen leichten noch auf einen energischen Ruck am Stallhalfter reagieren (wobei ich zu Ihren Gunsten annehmen will, daß Sie Ihr Pferd stets mit einem Strick am Stallhalfter führen), sehen Sie sich bitte die Abbildung auf Seite 58 an. Sie können den Führstrick entweder über den Nasenrücken führen oder durch die Maulspalte legen. Die Effektivität ist bei der Führung durch die Maulspalte größer; diese Form sollte allerdings nur dann angewendet werden, wenn es unbedingt nötig ist. Pferde, die als Fohlen bereits dazu erzogen wurden, am Halfter geführt zu werden, machen bei normalem Temperament auch später kaum Schwierigkeiten.
Ich schrieb gerade, daß ich von der Annahme ausgehe, daß Sie niemals ein Pferd lediglich mit der Hand am Stallhalfter führen. Trauen Sie auch dem ruhigsten Pferd nicht – irgend etwas kann immer geschehen, was es aufregt, und wenn Sie schon einmal am Halfter gehangen haben, weil Sie mit den Fingern nicht mehr herausgekommen sind, dann wissen Sie, was passieren kann. Wenn Sie zwei Pferde führen, dann sollten Sie diesen Rat um so mehr beherzigen.
Auch das Steigen beim Führen an der Hand ist eine grobe Ungehorsamkeit. Wenn sich ein Pferd nicht gehorsam an der Hand führen läßt, so sollten Sie diese Unterlassung in der Ausbildung umgehend korrigieren. Es gibt z. B. dazu Führstricke, bei denen gleich hinter dem Panikhaken eine Gliederkette anmontiert ist. Die Kette ist dazu da, daß sie durch das Maul des Pferdes geführt wird in der Art, wie es in der Zeichnung ersichtlich ist. Sie können auch den Führstrick ebenso führen. Die Kette ist lediglich nicht durchbeißbar, daneben ist sie aber auch effektvoller. Nehmen Sie zum Führen in die linke Hand einen Reitstock oder eine Gerte; halten Sie die Gerte aber so in der Hand, daß Sie mit dem Griffteil, der ja zumeist sehr stabil ist, bei jedem

Um ein Pferd sicher am Halfter führen zu können, empfiehlt es sich, den Führstrick über den Nasenrücken oder durchs Maul zu legen. Will man das Pferd wieder normal führen, genügt es, den Strick nachzugeben.

Ungehorsam dem Pferd auf die Nase klopfen können. Und das tun Sie, und zwar energisch; je mehr es weh tut, um so besser! Dieser Schlag auf den knöchernen Teil oberhalb der Nüstern ist allemal besser als ein Riß im Maul. Die Parade mit der rechten Hand können Sie trotzdem geben. Vergessen Sie aber das Nachgeben nach der Parade nicht. Ihr Pferd soll lernen, bei leichtester Anlehnung neben Ihnen herzugehen, weder eilig noch zögernd. Reden Sie mit ihm und halten Sie die Kommandos von »Komm« und »Halt« für das Pferd energisch und unmißverständlich ein. Sollte wider Erwarten Ihre Erziehung trotzdem das Steigen nicht verhindern, dann gibt es das Steigergebiß als bewährtes Hilfsmittel. Wenn Sie sich das Gebiß anschauen, dann werden Sie sich vorstellen können, wie brutal es wirken kann. Die Verletzungen im oberen Gaumen können furchtbar sein. Probieren Sie lieber erst die sanfte Tour, nehmen Sie sich Zeit dafür, denn Sie wissen ja: Fehler in der Ausbildung schleichen sich schneller ein, als sie wieder ausgebügelt sind.
Bei Pferden, die sich schlecht wieder einfangen lassen, hat es sich als sehr praktisch erwiesen, wenn Sie am Halfter einen kurzen Strick – 20 bis 30 cm lang – anbinden. Er behindert einerseits das Pferd nicht beim Grasen, andererseits sind Sie eher in der Lage, das Pferd zu ergreifen, als wenn kein Strick dran wäre. Manche Pferde scheuen den schnellen Griff zum Kopf – und das tun Sie ja nicht. Den Strick können Sie außerdem schneller erfassen als das Halfter. Wenn Sie am Ende des Strickes zusätzlich einen Knoten anbringen, haben Sie noch mehr Halt in der Hand.

Widersetzlichkeit beim Aufzäumen, Nicht-Satteln-Lassen

Es ist unglaublich, wie unvernünftig oft mit Pferden auch beim Aufzäumen und Satteln umgegangen wird. Wenn dann so ziemlich alles falsch gemacht wurde und das Pferd sich die entsprechenden Unarten angewöhnt hat, ist der Kummer groß. Wer kennt nicht die Bilder, wenn ein kleiner Mensch versucht, einem großen Pferd den Zaum aufzulegen. Hat schon ein großer Mensch unter Umständen Schwierigkeiten, um wieviel mehr hat sie ein kleiner. Der Kopf des Pferdes geht hoch und höher, der Mensch erhebt sich auf die Zehenspitzen und schafft es doch nicht. Dieser Kampf endet womöglich in Ärger und Grobheit. Nehmen Sie sich doch einmal die Zeit und beschäftigen Sie sich eingehend und lange mit dem Mähnekraulen, wie es die Fohlen unter sich schon auf der Weide taten. Kraulen Sie Ihr Pferd einmal vom Widerrist den Mähnenkamm entlang bis zum Genick. Versuchen Sie die Stellen herauszufühlen, bei denen das Pferd allein mit dem Kopf nach unten geht, um sich hingebungsvoll kraulen, streicheln oder kneten zu lassen.
Kopfscheuheit ist zumeist eine erworbene Eigenschaft. In jedem Fall wird sie durch falsche Behandlung oder schlechte Erfahrung entstanden sein, wie z. B. durch gewaltsames Aufzäumen, Schläge auf den Kopf, schlecht oder zu fest angebrachte Bremse, Erfahrungen mit dem Tierarzt usw. Um diese lästige Reaktion wieder wegzubekommen, werden Sie sehr viel Zeit brauchen – wenn Sie sie überhaupt beseitigen können. Ein Rest wird bleiben, und dann dürfen Sie keinesfalls falsch reagieren. Oberstes Gebot: keine hastigen Bewegungen, viel psychologisches Einfühlungsvermögen und Überredung; ein solcherart verängstigtes Pferd muß Vertrauen zu Ihnen haben oder bekommen. Scheuen oder Nichtscheuen ist in hohem Maße abhängig von der Person, die sich mit dem Pferd beschäftigt, und von derem Benehmen.
Generell gilt es, das Pferd bei guter Laune zu halten. Dies sollte nicht nur bei der Arbeit der Fall sein, sondern ebenfalls beim Aufzäumen. Es ist deshalb ratsam, seinem Gefährten ständig gut zuzureden und mit kleinen Leckereien nicht kleinlich zu sein, um ein Pferd dahin zu bringen, daß es das Gebiß gern annimmt und sich das Kopfgestell ohne Scheu über Augen und Ohren ziehen läßt. Wichtig ist nur, daß dem Pferd der Vorgang so angenehm wie möglich gemacht wird. Bestimmt ist die Prozedur für das Pferd ohnehin nicht schön.

Schwierigkeit beim Auftrensen.

Fangen wir mit dem normalen Verlauf an. Unser Pferd trägt grundsätzlich ein Halfter, auch in der Box! Erstens, weil man es leichter in der Hand hat, und zweitens, weil es sicherer ist, besonders auch bei Panik. Hierbei sollte dafür gesorgt sein, daß das Pferd nirgendwo mit dem Halfter hängen bleiben kann. Auch sollte das Halfter so gut sitzen, daß es bei keiner Gelegenheit mit seinem eigenen Fuß darin hängenbleiben kann. Wir trensen unser Pferd auf, indem wir den Trensenzügel zunächst über den Hals streifen. Das Halfter ist noch drauf. Dann stellen wir uns links vom Pferdehals auf und schnallen das Halfter ab. Die linke Hand hat das Gebiß in der offenen Hand und schiebt, gegebenenfalls unter leichtem Druck des Zeigefingers und des Daumens, das Gebiß sanft, aber bestimmt in das Pferdemaul; gleichzeitig hat die rechte Hand das Kopfgestell über das rechte Ohr geschoben und hält dabei das Reithalfter am Nasenriemen mit oben fest. Dann wird das linke Ohr durchgezogen, Kehl- und Kinnriemen werden verschnallt.
Was tun, wenn das Pferd sich weigert, wenn es mit dem Kopf hoch und noch höher geht? Haben Sie immer eine Kleinigkeit bei sich, die das Pferd mag; geben Sie sie ihm vor dem Aufzäumen, das Pferd wird von allein mehr davon wollen. Kaum ein Pferd ist so niederträchtig, sofort mit dem Kopf hochzugehen, und wenn, so geben Sie wieder etwas. Halten Sie mit der rechten Hand das Pferd über der Stirn, streicheln Sie es dort. Die rechte Hand ist gleichzeitig bereit, sofort das Kopfgestell über das rechte, danach das linke Ohr zu ziehen. Es hat keinen Sinn, den Kopf eines Pferdes nach unten ziehen zu wollen, wenn es nicht will. Ein paarmal grob zugepackt, das Trensengebiß ins Maul gestoßen, den Kinnriemen brutal verschnallt, gewaltsam beide Ohren durch das Kopfgestell gestülpt – das muß jedes Pferd verbiestern!
Zumeist besteht die größte Schwierigkeit beim Aufzäumen darin, dem Pferd das Gebiß ins Maul zu schieben, besonders dann, wenn das Pferd mit dem

Kopf nach oben ausweicht. Nehmen Sie in diesem Fall den Zaum – Trense oder Kandare – nicht beim Genickstück, sondern (siehe Abb.) ca. eine gute Handbreit über dem Mundstück an beiden Backenstücken in die geschlossene rechte Hand. Versuchen Sie, durch Streicheln mit der rechten Hand über den Nasenrücken, Ihr Pferd gefügig zu machen. Die linke offene Hand hält – wie üblich – das Gebiß bereit zum Einschieben. Beim Widerstand gegen die rechte Hand genügt zumeist ein, wenn nötig auch energischer, Gegendruck. Vergessen Sie nicht die Belohnung, wenn es schließlich geklappt hat. Übrigens gibt es Pferde, die recht empfindlich an den Barthaaren sind, auch das sollten Sie bedenken. Aber schneiden Sie in einem solchen Fall nicht etwa die Barthaare ab, denn Sie würden Ihrem Pferd die wichtigen Tastorgane wegnehmen.
Lassen Sie sich Zeit beim Auftrensen. Im Winter, wenn womöglich das Gebiß eiskalt ist, wird kein Pferd sonderlich Vergnügen verspüren, das Marterinstrument ins Maul gestoßen zu bekommen. Beachten Sie, daß Sie beim Verschnallen des Kinnriemens keine Tasthaare mitverschnallen. Pferde können da sehr empfindlich sein. Wir sollten auch die Lage des Gebisses überprüfen. Die Lefzen dürfen in der Maulspalte nicht hochgezogen werden. Das Gebiß darf aber auch nicht zu tief auf den Hakenzähnen liegen. Die Breite des Gebisses muß passen. Ein Meterstab, sorgfältig durch die Maulspalte geschoben, gibt Ihnen das Maß plus je einem Zentimeter auf beiden Seiten. Besondere Sorgfalt bei dem Anpassen von Kandaren! Keine zu große Zungenfreiheit, die Bäume dürfen nicht klemmen. Die Kinnkette soll ausgedreht (rechtsherum!) glatt in der Kinngrube anliegen. Eventuell hilft eine Gummiunterlage, falls das Pferd dort empfindlich sein sollte. Die überzähligen Kettenglieder sind

Richtiges Halten des Kopfgestells und Gebisses beim Auftrensen.

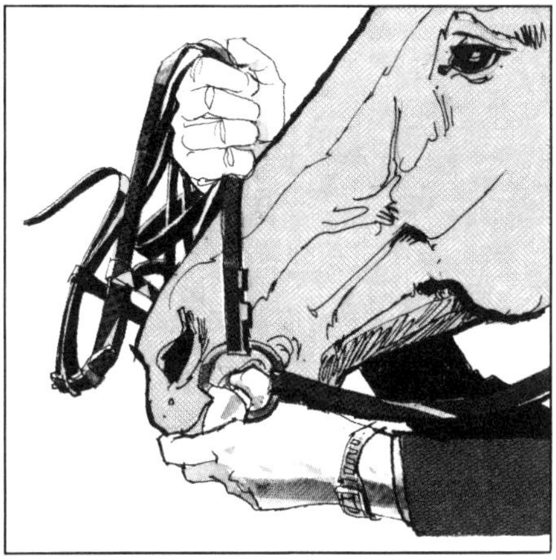

Die richtigen Maße der ordnungsgemäß verpaßten Trense.

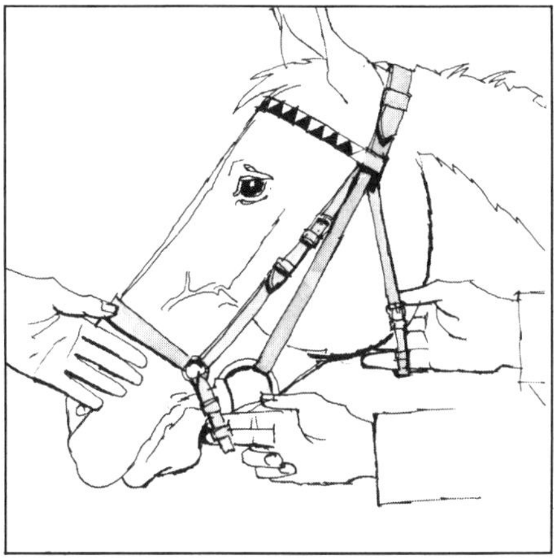

rechts und links von den Haken gleich verteilt. Pferde, die schlechte Erinnerungen an klemmende Gebisse (z. B. bei ausgeleierten Olivenkopftrensen oder auch bei normalen runden Trensenringen) haben, werden das gegebenenfalls bei der Gebißaufnahme quittieren. Denken Sie auch daran, daß das hannoversche Reithalfter drei Finger hoch über den Nüstern liegen soll und der Nasenriemen nicht zu lang sein darf, daß die Schnalle des Kinnriemens nicht auf der Maulspalte zu liegen kommt und daß der Stirnriemen nicht zu kurz sein soll und nicht zu hoch liegt, damit er dem Ohrenansatz nicht weh tut. Der Kehlriemen soll, wie bekannt, eine aufgestellte Handbreit Luft haben.

Als nächstes sei über das Satteln gesprochen. Wenn wir unser Pferd anlegen können, dann sollten wir es tun, falls unser Pferd beim Satteln unruhig steht. Es ist wohl selbstverständlich, daß jetzt das Stallhalfter zum Anlegen über die Trense wieder so aufgeschnallt wird, daß nichts drückt. Hängen Sie niemals ein Pferd an den Trensenringen an! Abgesehen davon, daß es dem Pferd eine Leichtigkeit ist, Ihre Trense zuschanden zu reißen, ergibt dieses leichtfertige Anlegen unter Umständen die gemeinsten Verletzungen am Maul des Pferdes. Wenn Sie unterwegs ein Pferd kurzfristig anlegen müssen, so legen Sie es am Reithalfter an; dann können Sie immer noch nach Hause reiten, auch wenn das Halfter kaputt gegangen ist.
Ein Wort zur Reihenfolge beim Satteln und Zäumen: Wenn Sie ein Pferd auf der Stallgasse satteln können, dann tun Sie es dort. In diesem Fall wird erst gesattelt und dann aufgezäumt. In der Box ist es umgekehrt, falls Sie Ihr Pferd nicht anlegen wollen oder können. Legen Sie den Sattel jedoch vor der Trense auf, kann es Ihnen passieren, daß das Pferd in der Box dauernd vor ihnen davonläuft und sich diese Unart bald für immer angewöhnt. Trensen Sie lieber erst auf; dann können Sie Ihren Arm durch den Trensenzügel nehmen und haben so Ihr Pferd in der Gewalt.
Der Streit, ob man von links oder rechts satteln soll, wird schon länger geführt. Früher, als das Soldatenpferd auf Woilach gesattelt wurde, konnte man bedenkenlos von links satteln, denn der Woilach wurde ja vorher sorgsam aufgelegt und auf Falten kontrolliert. Außerdem war der Armeesattel so bockig, daß sich kein Sattelblatt umbiegen konnte; auch der Gurt konnte sich nicht verdrehen. Heute kann sich der Sattelfilz, die Unterlegdecke oder was auch immer am Sattel angeschnallt ist, verdrehen, die Schweißblätter des Sattels können umknicken, und die leichten Gurte können sich gleichfalls verdrehen. Warum also nicht gleich von rechts satteln, wenn man rechts ohnehin nachschauen muß, ob alles ohne Falten und richtig aufliegt? Dennoch ein paar Bemerkungen zur Vorliebe der Pferde zur Handhabung der linken Seite: Pferde lassen sich lieber von der linken Seite beikommen als von der rechten. Im allgemeinen scheuen sie meist nach links, wenden eher nach links.

Beim Putzen, Beschlagen oder Satteln sind sie rechts unleidlicher als auf der linken Seite; sie werden links geführt, und wenn mit der Peitsche nachgeholfen wird, geschieht es links (mit der rechten Hand!). Vom Sattel werden sie mit dem linken Zügel geführt – dabei ist ihre linke Seite die geschützte Seite, sie werden zumindest im Ständer von der linken Seite gefüttert. Der rechte Schenkel des Reiters ist zumeist der, der den Sporenstich schneller und stärker gibt, und Lob und Naschereien bekommt es ebenfalls eher von der linken Seite aus gereicht; so ist es wohl verständlich, daß das Pferd auf der rechten Seite unleidlicher ist als auf der linken.

Aber wie auch immer – wir legen den Sattel langsam und behutsam ein paar Zentimeter vor der richtigen Sattellage auf und schieben ihn dann mit der Haarrichtung in die richtige Position. Vermeiden Sie in jedem Fall ein hastiges und derbes Auflegen des Sattels – Pferde sind nun einmal von Natur aus ängstliche Tiere. Es ist wohl selbstverständlich, daß wir uns davon überzeugt haben, daß die Sattellage sauber ist – und die Sattelunterlage natürlich auch. Loben Sie Ihr Pferd, daß es sich das alles so ruhig gefallen läßt, und wenn es das nicht tut, dann natürlich erst recht, damit es dies geschehen läßt. Wenn das Pferd beidseitig ausgebunden ist, kann es beim Auflegen nicht so leicht ausweichen. Steht es an der Wand ausgebunden, so lassen Sie es eben ausweichen, bis es längs der Wand steht. Es ist ratsam, auch in der Box Anbindemöglichkeiten zu schaffen, denn es ergibt sich immer wieder mal die Notwendigkeit, ein Pferd anlegen zu müssen.

Im Ständer wird zuerst der Sattel aufgelegt, dann erst wird aufgezäumt. Häufig kann man den Fehler beobachten, daß der Sattel sofort angegurtet wird. Lassen Sie das Pferd sich erst einmal mit der Tatsache abfinden, daß der Sattel drauf ist, und gurten Sie den Sattel nur eben an, damit er liegenbleibt. Legen Sie sich inzwischen die Sporen an oder kümmern Sie sich um Schweif und Mähne, und gurten Sie dann erst nach und nach an. Wenn Sie ein Pferd haben, das sich wie ein Ballon aufbläst, dann lassen Sie auf der rechten Seite den Gurt etwas nach, damit Sie links wenigstens ins erste Gurtloch schnallen können. Ganz gefährlich ist sofortiges Angurten bei Pferden mit Sattelzwang. Sattelzwang ist oft die Folge fehlerhaften Sattelns, besonders bei Pferden mit empfindlichem Rücken. Diese Pferde bocken entweder oder gehen überhaupt nicht vorwärts, stehen mit gekrümmtem Rücken bockig auf der Stelle, ja in besonders schlimmen Fällen kommt es sogar zu einem Überschlagen. Führen Sie Ihr Pferd erst ein paarmal vor dem Stall im Kreis und gurten Sie dann nach, wenn Sie Ihrem Pferd anmerken, daß sich der Krampf gelöst hat. Lassen Sie sich gegebenenfalls in den Sattel heben und sitzen Sie besonders entlastend, niemals schwer im Sattel ein. Reiten Sie erst eine Weile mit wenig angegurtetem Sattel im Schritt. Auch Pferde, die sich aufblähen, sollen ein paar Schritte geführt werden. Ganz falsch ist es, mit Zwang etwas erreichen zu wollen.

Schwierigkeiten beim Verladen

Pferde, die von ganz allein in den Pferdetransporter gehen, gibt es, sie sind aber in der Minderzahl. Unschöne Bilder sieht man auf Turnierplätzen, wenn es ans Verladen geht. Einsame Spitze ist wohl jenes Cowboy-Pferd, das von allein, gesattelt und aufgezäumt, auf einen offenen Pritschenwagen springt, immerhin mindestens 80 cm hoch. Es gibt Transporter, die einladend gebaut und neuerdings mit einer Hydraulik ausgestattet sind, die den ganzen Kasten auf Bodenhöhe senken kann. Es gibt aber auch weniger verladefreundliche Transporter, und das ist beim Kauf und beim Verladen zu bedenken. Man sollte es dem Pferd einladend machen, in den Hänger zu gehen. Schlechte Erfahrungen, die Pferde während der Fahrt gemacht haben können, spielen natürlich auch eine Rolle. Was hat es da nicht schon an makabren Unfällen gegeben: Pferde, die durch die Bodenbretter durchgetreten waren, deren Füße aus dem fahrenden Anhänger schleiften, Pferde, die im Anhänger zu Boden gegangen waren, unter andere Pferde gerieten, sich aufhängten, losgerissen hatten, herausgesprungen waren usw. usw.

Verladen mit einem Seil oder zwei Longen.

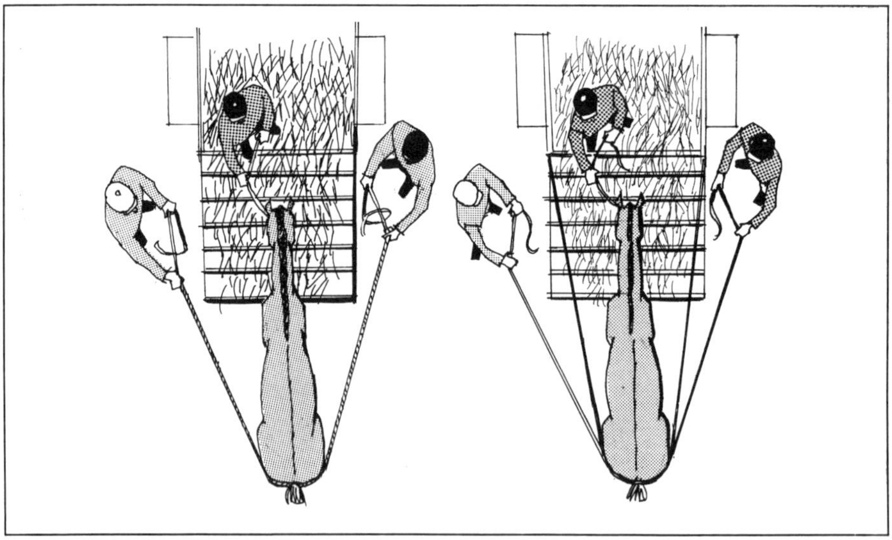

Oft verhilft man dem Pferd zum ersten Bewegungsimpuls, wenn ein Helfer die Vorderbeine auf die Rampe stellt.

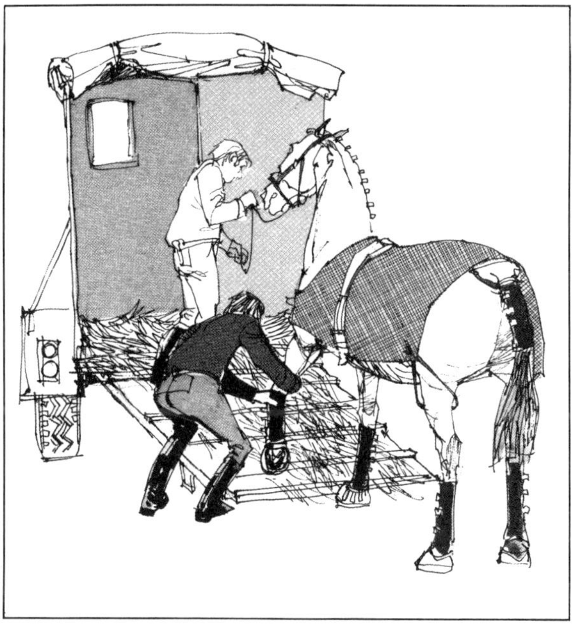

Es ist wohl selbstverständlich, daß die Rampe solide sein soll, nicht schwanken und nicht zu steil sein darf und mit Stroh belegt sein soll. Das Innere des Wagens soll nicht dunkel sein, und es soll möglichst großräumig fürs Einladen sein sowie sauber riechen. Auch soll es nicht zu niedrig sein, damit sich das Pferd nach oben nicht beengt fühlt.

Zum Verladen muß man Zeit haben, es darf nicht hopplahopp gehen. Proben Sie das Verladen erst öfter in Ruhe zu Haus, bevor Sie mit ihrem Pferd auf Reisen gehen. Gewöhnen Sie dadurch Ihr Pferd an den Hänger, füttern Sie gegebenenfalls öfter in ihm. Lassen Sie Ihr Pferd ruhig einmal hungern, damit es das Futter gern im Hänger annimmt. Wenn Sie einen Mehrpferdehänger haben, versuchen Sie vielleicht ein Pferd zu finden, das vorher in den Hänger gebracht werden kann und damit das Ihre anlockt.

Wenn nun gar nichts geht, was tun? Eines ist klar: Genauso wenig wie Sie, wie im Kapitel »Nicht-aus-der-Box-gehen-Wollen« beschrieben, ein Pferd gegen seinen Widerstand aus der Box ziehen können, ebensowenig wird es Ihnen gelingen, ein Pferd am Halfter in den Hänger zu ziehen. Sie können es auch nicht hineinschieben. Um alle möglichen Schwierigkeiten von vornherein auszuschalten und andererseits dem Pferd keinen Zweifel daran zu lassen, daß es hinein muß, ist es ratsam, auch von vornherein die beste Methode anzuwenden. Natürlich können Sie vorher versuchen, dem Pferd die Augen zu verbinden oder es mehrere Male im Kreis herumzuführen, um ihm die Orientierung zu nehmen. Natürlich können Sie Ihr Pferd hineinprügeln,

können probieren, Ihr Pferd rückwärts über die Rampe zu bringen oder es hinaufzureiten, wenn der Wagen oben offen ist – aber das alles kann schiefgehen. Nach allen derartigen Versuchen haben Sie ein Pferd, das noch widerborstiger geworden ist, das gelernt hat, daß es Möglichkeiten gibt, sich zu drücken – und es wird diese Erkenntnisse anwenden! Warum also nicht gleich anders?
Nehmen Sie zwei Longen (auch zwei starke Seile tun es), die Sie links und rechts am Hänger jeweils mit einem Ende befestigen. Die anderen Enden nimmt je ein Helfer, führt seine Longe um die Hinterhand (Kruppe) und geht damit auf die dem eingeschnallten Ende entgegengesetzte Seite. Das Pferd ist jetzt von zwei Longen um die Kruppe herum eingespannt. Ein Helfer hält das Pferd am Halfterstrick, und zwar möglichst der, den das Pferd am besten kennt; er nimmt eine Handvoll Heu, eine Mohrrübe oder sonst ein Lockmittel in die Hand, und ein weiterer Helfer treibt eventuell mit einer Gerte von hinten. Jetzt wird das Pferd von den beiden Longenführern in den Hänger gezogen, derjenige mit der Gerte treibt und schiebt nach. Wichtig ist, daß das Pferd rechts und links nicht von der Rampe springen kann. Wenn sich die Möglichkeit bietet, den Hänger an die Stalltür heranzufahren, so daß zumindest eine Seite durch die Stalltür gesichert ist, sollte man das tun.
Oft gibt es einen Stopp, wenn das Pferd sich weigert, auf die Rampe zu treten. Heben Sie erst einen Vorderfuß hinauf, dann den anderen, und helfen Sie mit energischem Druck der Leinen und von hinten nach. Ist dieser Bann gebrochen, wird das Pferd weiter vorwärtsgehen. Kein Gebrüll – lieber Aufmunterung und viel Lob! Ganz wichtig ist es, sofort die Heckklappe zu schließen, wenn's geschafft ist. Erst dann wird das Pferd festgebunden. Während der Fahrt sollten Sie sich vergewissern, daß alles in Ordnung ist. Hat das Pferd einmal gelernt, daß es ohne Komplikationen auf den Hänger kommen kann, wird es genügen, wenn zwei Mann sich um die Kruppe an den Händen fassen und das Pferd hineinbugsieren. Natürlich führt dabei ein Dritter das Pferd am Halfter. Hat sich Ihr Pferd an das Verladen mit der Doppellonge gewöhnt, können Sie es auch mit nur einem Seil oder einer Longe probieren, das System ist das gleiche.
Ein Wort noch zum Verladen bei Dunkelheit: Besonders bodenscheue Pferde reagieren schreckhaft, wenn vor ihnen auf dem Boden der Lichtfleck einer Taschenlampe herumirrt. Sie sollten die Reaktion Ihres Pferdes prüfen, ehe Sie mit der Taschenlampe die Rampe oder das Wageninnere für Ihr Pferd ausleuchten wollen. Besser sind großflächige Lampen. Ebenso sollten Sie es vermeiden, das Pferd von vorn anzuleuchten, damit es nicht geblendet wird und nicht sehen kann, wohin es tritt. Auch dürfen keine reflektierenden Metallgegenstände dabei aufleuchten oder glitzern. Im allgemeinen ist es besser, den Wagen an einem helleren Platz aufzustellen und ihn innen gar nicht zu beleuchten, als daß man das Wageninnere ausleuchtet, was das Pferd

Links: Häufig genügt es, wenn zwei Helfer sich um die Kruppe des Pferdes an den Händen fassen. Auch das Anheben eines Vorderfußes erleichtert es dem Pferd, auf die Rampe zu treten. *Rechts:* Ausladen.

als störend empfindet. Die diffuse Beleuchtung ist dem Pferd angenehmer (und durchaus ausreichend) als eine scharfe Beleuchtung, die spitze Reflexe erzeugen kann. Oft entstehen auch sich bewegende Schatten an Wand und Boden, die weitere Irritationsmomente darstellen können.

Dieselbe Sorgfalt sollte beim Entladen Schwierigkeiten vermeiden. Laden Sie nervöse Pferde zuerst aus. Läßt sich ein Pferd im Hänger umdrehen, wird es natürlich gedreht und vorwärts entladen. Vermeiden Sie eine zu steile Rampe! Sie soll solide aufliegen; rechts und links soll je ein Helfer das Pferd stützen, damit es nicht vorzeitig von der Rampe tritt. Unter beruhigenden Reden und ohne Hast soll das Pferd langsam rückwärtstretend von der Rampe gehen. Wenden Sie Ihr Pferd nicht auf der Rampe, denn es wird Ihnen das nächste Mal zuvorkommen wollen und von allein und schneller wenden, als Ihnen lieb ist. Ein Fehltritt von der Rampe ist dabei kaum zu vermeiden, die Verletzungsgefahr dabei ist sehr groß.

Probleme beim Longieren

Ehe wir zu den Untugenden unter dem Sattel kommen, noch ein paar Worte zum Longieren. Es würde den Rahmen dieser Untersuchung sprengen, wenn wir diesem Thema zuviel Platz einräumten; auf ein paar Dinge, die Pferde gern ausnutzen, um sich Unarten anzugewöhnen, sollte im folgenden jedoch eingegangen werden.

Ob Sie mit Ausbindern, Chambon oder Pohlmannzügel longieren, ob mit Sattel-, Longiergurt, Kappzaum, Doppellonge oder einfach nur mit der Longe am Stallhalfter (dies ist jedoch nicht als Longieren zu bezeichnen) – all das soll hier nicht im Detail erörtert werden, obwohl es von Bedeutung ist, denn auch das Longieren kann durchaus meisterlich, aber ebenso dilettantisch ausgeführt werden. Sie können ein Pferd auf die Vorhand ebenso wie auf die Hinterhand bringen, Sie können es im Maul verderben und in Hals und Genick steif machen, ebenso genau aber gymnastizieren und beweglich machen. Nur gewisse Regeln sollten generell eingehalten werden.

Es ist selbstverständlich, daß man ein junges Pferd, bei dem es immer Probleme geben kann, nie allein an die Longe nimmt. Sie müssen zumindest einen Helfer haben, der das Pferd die ersten Tage führt und zwar am Backenstück der Innenseite. Das Pferd soll dabei lernen, die Zirkellinie einzuhalten und die Kommandos zu respektieren. Wie sie zu geben sind, ist auch bekannt. Wichtig ist, daß das Pferd dabei lernt, daß es durchaus nicht einfach das machen darf, was es will. Es ist schwer, einem jungen Pferd beim Longieren ohne Hilfe die Ungebärdigkeiten wieder abzugewöhnen, denn grob sollten Sie schon überhaupt nicht werden. Als sehr nützlich hat es sich erwiesen, daß der Zirkel eine richtige Begrenzung haben soll, wenn schon kein umzäunter Longierzirkel vorhanden ist. Diese Umzäunung kann aus Strohballen provisorisch hergestellt sein. Sie begrenzen den Platz, ohne jedoch gefährlich für die Pferdebeine zu sein. Man tut sich leichter zu zweit, dadurch kann man auch die Unsitte vermeiden, daß die Pferde beim »Halt« zum Longenführer in die Mitte kommen – zwar weitverbreitet, aber trotzdem falsch. Das Pferd hat auf dem Hufschlag stehend zu warten, bis der Longenführer zu ihm hingekommen ist. Man sollte also von vornherein bemüht sein, daß das Longieren in Ruhe und absolutem Gehorsam geschieht und daß keine Unbotmäßigkeiten erlaubt werden. Diese Erziehung vom jungen Pferd wird sich unter dem Sattel bezahlt machen, und auch dem Korrekturpferd wieder ins Gedächtnis gerufen, ebenso nützlich sein.

Untugenden unter dem Sattel

Die Anzahl der speziellen Arbeiten über Pferdepsychologie ist nicht sehr groß. Nur gelegentlich findet man in den vielen Abhandlungen über den reiterlichen Umgang mit Pferden eingestreute und wenig ausführliche Bemerkungen auf psychologischer Basis. Mit der Bedeutung, die das Pferd als Fortbewegungsmittel bzw. als Arbeitstier verloren hat, ist auch der Wert einer gründlichen Untersuchung dieser Materie geschwunden. Das rein wissenschaftliche Interesse entbehrt des Nutzzweckes, denn das Pferd ist heute eher zu einem Sportinstrument geworden. So sind die Erfahrungsübermittlungen die wesentliche Grundlage besonders dieses Teiles unserer Untersuchung, der sich mit den Untugenden unter dem Sattel beschäftigt.
Wir erinnern uns der Lexikondefinition der Untugenden, in der von der Abweichung von normalen Verhaltensweisen in bezug auf die Verwendungsmöglichkeit des Pferdes für den Menschen gesprochen wurde. Nun sind eine ganze Reihe der aufzuführenden Untugenden wiederum die Folge von falscher Behandlung durch den Menschen, sei es, daß in der Ausbildung Fehler gemacht wurden, sei es in der Art einer späteren unüberlegten Fehlbehandlung, im Nichterkennen notwendiger Folgen von Gedankenlosigkeit und womöglich zusätzlich vorhandener diffiziler Charaktereigenschaften des betreffenden Tieres. Das bedeutet, daß die Grenzen oft verschwimmen und die Veranlagung des Pferdes zusammen mit der Fehlbehandlung durch den Menschen ineinander übergreifen. Es ist im besonderen bei verdorbenen Pferden nahezu unmöglich, allgemeingültige »Rezepte« aufzustellen, und allzu oft hat es sich gezeigt, daß eine unorthodoxe Behandlung häufig eher und grundlegender zum Erfolg führen kann als die allgemeingültige Schulbuchweisheit.
Absolut nicht von der Hand zu weisen ist, daß es in der Korrektur oder Beseitigung von Untugenden Möglichkeiten gibt, die sowohl den Grundsätzen der Reiterei als den Erkenntnissen der Psychologie Hohn sprechen. Ich erinnere mich zum Beispiel, daß ich für einen sehr weiten, über Hunderte von Kilometern führenden Ritt in Rußland eine zackelnde, hysterische Stute nehmen mußte, weil mein Pferd sich bei einer Schießerei losgerissen hatte und geflohen war. Diese Stute, von mir wenig geschätzt, war das Pferd eines Offiziers, der mit ihr nie zurechtgekommen war. Sie zackelte ewig, war nicht im Schritt zu reiten und entsprechend dürr. Sie ging ohne Rücken in einem »Nähmaschinentrab« und einem ebensowenig angenehmen kurzen »Kratzegalopp«. Die Vorstellung, auf dieser »Ziege« eine über Tage dauernde riesige Distanz durch Partisanengebiete reiten zu müssen, schien unerträglich, zumal es in diesem Fall noch eine Frage des Überlebens war. Jeder normale Reiter wird mir die notwendigen Maßnahmen aufzählen können, ein solches Pferd in den Griff zu bekommen. Sie halfen indessen genausowenig wie die Tatsache, daß dieses Tier ja irgendwann einmal hätte müde werden müssen, zumal es ja

schon einige Tage Marsch hinter sich hatte, als ich es notwendigerweise übernehmen mußte. Was nun tun? Ich tat das, was jedem Reiter die Schamröte ins Gesicht treiben müßte, wenn er's erzählen sollte: Ich schrie in meiner Verzweiflung dieses arme Tier an und verpaßte ihm dabei die fürchterlichsten »Insterburger« (jenes unreiterlich harte Reißen am Zügel) und Sporenstiche. Nach einiger Zeit genügte bereits das Anschreien und noch später das Luftholen zum Anschreien. Um es kurz zu machen: Ich kam am Ziel mit einer wohlgenährten Stute an, die schon äußerlich nicht wiederzuerkennen war. Sie ging im Schritt, hatte einen losgelassenen Trab und Galopp und war rundum zufrieden. Ich auch. Diese Geschichte soll nur illustrieren, daß es auch anders gehen kann, als es normalerweise die Lehrbücher und überkommenen Erfahrungen vorschreiben.

Ein weiteres Kapitel ist die Stätigkeit des Pferdes. Hierzu ist zu sagen, daß angeborene Bösartigkeit, welche in diesem Terminus inbegriffen ist, heute weitgehend herausgezüchtet wurde. Bei unsachgemäßer Behandlung entstandener Stätigkeit (außergewöhnliche, fortgesetzte Widersetzlichkeit) ist diese Untugend, die einen ordnungsgemäßen Gebrauch eines Pferdes unmöglich macht, nur dann zu beseitigen, wenn keine gravierenden körperlichen Mängel vorhanden sind und dabei Leistungen gefordert werden, zu denen das Pferd nicht in der Lage ist. Schmerzen, die einem Pferd bereitet werden, weil es überfordert wird, können zur Widersetzlichkeit führen, sei es, weil es die Schmerzen im Rücken hat oder sei es, weil es einer Stellung in den Ganaschen physisch einfach nicht nachkommen kann, dennoch aber immer wieder dazu gezwungen wird.
Spohr schreibt dazu in seiner Behandlung boshafter Pferde: »Wer boshafte Pferde stumm korrigieren will, wird schwerlich sobald mit ihnen zurechtkommen.« Es ist so wahr. Die beruhigende Stimme sollten Sie nicht nur dann gebrauchen, wenn Sie von Ihrem Pferd etwas erreichen wollen; Sie sollten Sie auch immer wieder anwenden, wenn Ihr Pferd etwas gut gemacht hat. Pferde wollen gelobt werden, sie sind dankbar für Anerkennung und können andererseits zutiefst beleidigt für einen Tadel sein, denn sie vermögen durchaus Stimmlagen zu unterscheiden.
Stätigkeit ist am ehesten zu beheben, wenn die Unlust an der Arbeit behoben und die Gehlust wieder gefördert werden kann. Reiten Sie mit Ihrem Freund im Gelände spazieren, bummeln sie herum, ohne große Anforderungen zu stellen, und lassen Sie Ihr Pferd auch mal grasen, an der Hand; machen Sie gewissermaßen »Ferien zu zweit«. Dabei ist nicht gesagt, daß Sie Ihrem Pferd beim Spazierenreiten jeden Unfug gestatten sollen; auch Freizügigkeit hat Grenzen. Aber das Ganze soll mit wohlwollend weicher Hand geschehen, ohne Gängelei, jedoch mit sanftem Zwang und äußerster Gelassenheit.

Nicht-Stehen beim Aufsitzen

Dabei handelt es sich um einen ausgesprochenen Erziehungsfehler. Nun ist aber der Fehler einmal gemacht worden: Unser Pferd steht also beim Aufsitzen nicht still, es kriecht rückwärts, dreht sich, will vorwärts, versucht womöglich zu beißen, verspannt sich, es steigt. Was ist zu machen?
Versuchen Sie nicht, ein solches Pferd allein in den Griff zu bekommen. Es gehört ein äußerstes Maß an Geduld und Ruhe dazu, solche Pferde wieder gehorsam zu machen. Ein Helfer sollte am Kopf vor dem Pferd stehen. Beim ersten Aufsitzen auf das junge Pferd »bewaffnet« er sich am besten mit einer Haferschwinge; bei der Rückerziehung reicht es, wenn er lediglich dafür sorgt, daß das Pferd stehen bleibt, und ihm etwas zu naschen gibt. Bei fortgeschrittenem Verhalten steht er auf der rechten Seite des Pferdes, hält das Pferd mit der rechten Hand am Backenstück (nicht am Zügel!) und mit der linken Hand den rechten Steigbügelriemen fest (dort, wo die Schnalle am Sattel befestigt ist), damit der Sattel weder rutscht noch verzogen wird, und gibt dem Reiter schließlich den Bügel (richtig gedreht) auf den Fuß. Er kann dabei den Kopf des Pferdes leicht nach rechts stellen – die Stellung, die der Reiter ohnehin dem Pferd beim Aufsitzen geben sollte. Wichtig sind ein geschmeidiges Einsitzen ohne plötzliche starke Belastung, viel gutes Zusprechen und eine Belohnung in Form von Brot, Zucker oder Apfelstückchen. Begnügen Sie sich nicht mit einmaligem Aufsitzen, üben Sie es wiederholt hintereinander, denn es ist eine der trostlosesten Situationen im Reiterleben, sich z. B. im Gelände auf ein Pferd setzen zu wollen, das den Reiter nicht aufsitzen lassen will.
Wenn Sie nun unter Mithilfe aufgesessen sind, reiten Sie nicht sofort an. Ordnen Sie Sitz, Handschuhe, Kleidung, Zügel, reden Sie mit Ihrem Pferd, und, wie schon gesagt – sitzen Sie solange ab und auf, bis Ihr Pferd steht. Der legendäre Reitmeister Stensbeck pflegte sich nach dem Aufsitzen eine Zigarre anzuzünden und die Zeitung zu lesen – seine Pferde mußten stehen können.
Eine andere Sache ist das Stehen bei jungen Pferden. Hier sollte man die Länge des Stehenlassens nicht ausdehnen, denn erstens sind junge Pferde ungeduldiger und zweitens spielt dazu die noch ungewohnte Belastung des jungen Rückens eine Rolle. Aber stehen müssen auch sie lernen.
Wenn Sie aber bei Ihrer Aufsitz-Korrektur ohne Helfer sind, versuchen Sie, Ihr Pferd an die Wand zu stellen. In der Halle ist das machbar, im Gelände ist eine solche Möglichkeit seltener vorhanden. Was können Sie tun, wenn es sie

nun nicht gibt? Vielleicht können Sie einen Mitreiter mit seinem Pferd rechts neben das Ihre stellen; nehmen Sie dann den rechten Zügel vermehrt an, biegen Sie ruhig den Kopf des Pferdes nach rechts und lernen Sie aufzusitzen, ohne Ihre Fußspitzen in den Pferdeleib zu bohren. Es gibt Pferde, die das nicht mögen. Treten Sie beim Aufsitzen ganz nahe an das Pferd heran, so daß Sie von vornherein Ihr Gleichgewicht mit dem Ihres Pferdes in etwa in Übereinstimmung bringen, und gleiten Sie in den Sattel – gleiten, nicht plumpsen! Vergessen Sie das Loben nicht. Und nochmals: Üben Sie das Aufsitzen. Führen Sie Ihr Pferd ein paar Schritte und fangen Sie von vorne an. Bei der Betrachtung eines Pferdes bei Materialprüfungen heißt es: So wie ein Pferd steht, so geht es. Dieser Satz gilt zwar in seiner Konsequenz für den Bewegungsablauf, aber er kann auch für das Verhalten des Pferdes unter dem Reiter seinen Sinn haben. Ein gehorsames Pferd hat das Stehen gelernt, und so, wie sich ein Pferd beim Aufsitzen verhält, wird es auch die weiteren Reprisen gehen.

In früheren Zeiten wurden die Reiter auf ihre Pferde gehoben. Dies geschah nicht etwa nur aus Bequemlichkeitsgründen, sondern auch schon deswegen, weil Pferde ganz einfach ruhiger stehen, wenn nicht an einer Seite herumgezogen und belastet wird, ein Bein durch die Luft schwingt, eine Fußspitze in den Leib stößt und anschließend 70, 80 oder mehr Kilo in das Kreuz plumpsen.

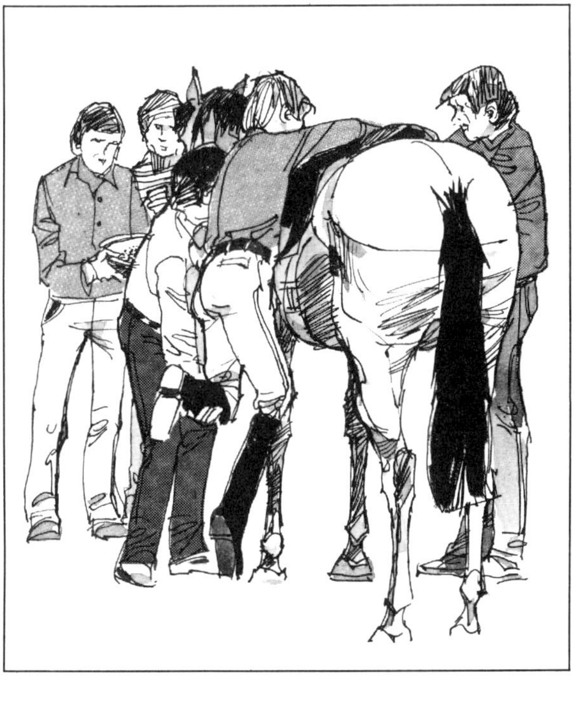

Hilfen beim Aufsitzen. Es müssen ja nicht so viele Helfer um das Pferd herumstehen, aber zwei bis drei sollten es schon sein.

Auch das bekannte Treppchen zum Aufsitzen ist nicht nur aus Annehmlichkeit geschaffen worden. Ein ganz großer Meister kürzlich vergangener Reithistorie, Otto Lörke, saß mit einer dieser Hilfen auf der Stallgasse auf – und »löste« (nebenbei bemerkt) sein Pferd durch ein paar Piaffetritte, sobald er den weichen Boden der Halle erreicht hatte. Wenn Sie sich also auf ein Pferd, das das Stehen verlernt hat, hinaufheben lassen, so sollten Sie sich von dem Vorwurf der Bequemlichkeit oder Unsportlichkeit nicht getroffen fühlen, zumindest dann nicht, wenn es dabei hilft, Ihr Pferd beim Aufsitzen zum Stillstehen zu veranlassen. Sie können aber auch, falls Ihnen Ihr Pferd zu hoch sein sollte, den linken Bügel um ein paar Loch länger schnallen, damit Ihnen das Aufsitzen nicht zu beschwerlich ist. Es gibt sogar verstellbare Bügel, die Ihnen das Aufsitzen dadurch erleichtern, daß sie sich tiefer stellen lassen. Bei Stuten, die sich nicht gern festgurten lassen, sollte unbedingt ein Helfer auf der rechten Seite des Sattels dafür sorgen, daß dieser nicht nach links unter den Bauch gezogen werden kann. Selbstverständlich ist es wohl, daß man dem Reiter dabei den Bügel in die richtige Stellung unter die Stiefelsohle schiebt, denn auch das Herumsuchen mit dem Stiefel nach dem Steigbügel kann ein Pferd unter Umständen irritieren und zu unruhiger Haltung animieren.

Noch ein Wort zur Vermeidung von Unarten bei der Ausbildung junger Pferde zum Aufsitzenlassen. In den Zeiten, als noch die großen Herden in Ostpreußen ihre Hütejungen hatten, war es unvermeidlich, daß diese Knaben den Versuch nicht unterlassen konnten, sich auf diese oder jene Remonte zu klemmen. Selbstverständlich wurden sie nach Kennerblick für Pferdetemperamente ausgesucht. Kamen diese Remonten dann zur Schwadron, so war eine beträchtliche Vorarbeit geleistet, denn diese Pferde hatten schon mal einen Menschen auf ihrem Rücken gehabt, es war ihnen nichts »Furchtbares« dabei passiert, sie brauchten keine Angst zu haben, also gab es keine Schwierigkeiten. Züchter mit Verständnis für die Nöte der Reiter – und nicht nur aus diesem Grund – bemühen sich aber auch schon beizeiten, ihren Pferden beizubringen, daß sie eines Tages einen Menschen auf ihrem Rücken erdulden müssen. Aus Spielerei wird mal ein Kind in der Box oder auf der Stallgasse hinaufgehoben. Die geringe Last des Kindergewichts, die Spielerei bei dieser Szene, all das macht die Angelegenheit nicht so gravierend, das Pferd lernt so ganz nebenbei, den Menschen auf dem Rücken – im wahren Sinne des Wortes – zu ertragen.

Wenn wir aber nun ein Pferd haben, auf dem noch niemand saß, kein Hütejunge und kein Kind, wenn dieses Pferd dazu noch sensibel, ängstlich und wenig geneigt ist, sich etwas Derartiges gefallen zu lassen, was ist zu tun? Wir sollten – auch spielerisch – uns mit diesem Pferd beschäftigen. Wir haben ihm z. B. das Futter in die Krippe gegeben, wir lehnen uns an seine linke Seite, die Arme über seinem Rücken, wir klopfen hier, tätscheln dort, wir reden mit unserem Pferdefreund und belasten seinen Rücken, soweit es geht. Eine Satteldecke oder ein Filz wird aufgelegt, wir klopfen auf die Decke, später kommt der Sattel dazu. Alles muß berochen und beschnuppert werden. Der Sattel wird nur aufgelegt, es wird viel gelobt, getätschelt und gefüttert. Der Sattel wird abgenommen, wieder aufgelegt, der Gurt wird mal um den Bauch gelegt, und es wird auch mal angegurtet. Wir gehen mit dem Pferd – gesattelt – spazieren, wir klopfen auf den Sattel, wir ziehen die Bügel mal runter, mal rauf! Wenn das alles mit Gelassenheit ertragen wird, dann longieren wir mal. Auch da kann es Anlaß zu Panik geben, denn die Bügel klopfen, obwohl natürlich ordnungsgemäß hoch festgemacht.

Ich halte nicht viel davon, einen Sandsack aufzulegen, um das Pferd an das Gewicht zu gewöhnen. Es ist nicht so sehr das Gewicht, das dieses völlig ungewohnte Gefühl beim Pferd zur Schreckreaktion führt, wie die Tatsache, daß etwas über ihm ist; die Urangst tritt dann hervor, es könnte ein Raubtier an der empfindlichen Stelle des Widerristes den tödlichen Biß anbringen. Wichtiger ist es, dem Pferd diese Angst zu nehmen, indem es zu begreifen beginnt, daß das Ganze ja ein Spiel ist, wobei der liebe Mensch, der mir was Schönes zu fressen gibt und mit mir schmust, irgendwie plötzlich auf meinem Rücken sitzt, ohne daß mir etwas passiert ist. Lassen Sie sich hinaufschieben, hängen Sie am Sattel, liegen Sie über dem Sattel – und dann heben Sie mal Ihr Bein über den Sattel, liegen Sie erst und richten Sie sich dann allmählich auf. Eine vor das Maul gehaltene Futterschwinge kann hier sehr hilfreich sein.

Wenn es beim Aufsitzen zu Schwierigkeiten gekommen sein sollte, ist es ratsam, die Zeremonie in der Box zu veranstalten, nicht auf der Stallgasse und nie ausgebunden. Begnügen Sie sich mit leichten Anfängen und verlangen Sie bei Pferden, die Schwierigkeiten machen, nie zuviel auf einmal. Denken Sie immer daran, daß der Grundsatz befolgt werden muß, wonach das Pferd bei guter Laune zu halten ist. Gegen den Willen des Pferdes kommen Sie ohnehin nicht auf seinen Rücken – es sei denn, Sie würden es auf Rodeo-Art vollführen, aber wer wollte das schon. Wenn es allerdings nach dem ersten Aufsitzenlassen zu Widersetzlichkeiten kommen sollte, sollten die Helfer dafür sorgen, daß dieses nicht wieder passiert. Ein Pferd, das die Erfahrung gemacht hat, daß es sehr einfach ist, einen Menschen nicht auf seinem Rücken dulden zu müssen, wird ebensobald dafür sorgen, daß er schon gar nicht hinaufkommt. Die Helfer dürfen das Pferd auf keinen Fall loslassen. Es ist besser, wenn der Reiter schnell absitzt, das Pferd beruhigt wird und die Prozedur von neuem begonnen wird, als daß es zum Kampf zwischen Roß und Reiter kommt. Anfangs heißt es immer vorsichtiger zu sein als vielleicht nötig, um Zwischenfälle zu vermeiden oder im Keim zu ersticken. Ein Führzügel – nicht in die Trensenringe eingeschnallt – kann hilfreich sein. Haben sich Pferde erst einmal freigemacht, werden sie es wieder tun.

Scheuen

Bevor man das Scheuen als Untugend bezeichnen will, gilt es, sich über einige Verhaltensformen des Pferdes klar zu werden. Pferde sind Fluchttiere, d. h. daß ihre Reaktion auf Dinge, die Gefahr bedeuten könnten, die Flucht ist – wenn es sein muß, nach vorn, wie viele Reaktionen unter dem Sattel beweisen. Es wird behauptet, Pferde würden sich nach dem Geruch orientieren und könnten nur unklar sehen. Andere sagen, sie würden alles vergrößert sehen und deshalb so leicht erschrecken. Letzteres ist in sich unlogisch, denn wenn das Pferd alles vergrößert sieht, ist doch alles vergrößert, die Größenrelationen zwischen den Gegenständen stimmen wieder, und es besteht kein Anlaß zum Erschrecken.

Tatsache ist zum Beispiel, daß Pferde, die sich unbekannt sind, einander beriechen, und zwar an Nüstern, Hals und Genitalbereich. Dies geschieht selbst dann, wenn das Pferd – wie GRZIMEK nachgewiesen hat – ein ausgestopftes Pferd ist; es wird ebenso beschnuppert und sogar an Bein und Hals zärtlich beknabbert, es wird mit Wiehern begrüßt und gegebenenfalls eifersüchtig verteidigt, wenn ein Kontrahent auftauchen sollte. Interessant ist, daß sich die gleichen Reaktionen zeigten, wenn das Pferd lebensgroß auf Pappe gemalt wurde, daß das Interesse aber schwand, wenn diese Malerei nicht mehr lebensnah, sondern stark vereinfacht und abstrahiert war. Pferde erkennen demnach ihresgleichen und ihre Umwelt nicht allein am Geruch (also überwiegend durch Informationen der Nase), sondern auch durch das Auge, nur ist die Sehfähigkeit des Pferdeauges anders beschaffen als beim Menschen. Wir sollten uns daher intensiv mit diesem Thema beschäftigen, weil damit viele Reaktionen und daraus mitunter resultierende »Untugenden« ihre Erklärung finden können.

Das Pferdeauge nimmt kleinste Bewegungen wahr; dies ist besonders augenfällig bei Freiheitsdressuren, wo oft das geringste Heben der Peitschenspitze oder eine leichte Andeutung durch die Hand des Dompteurs eine Befehlsübermittlung an die Pferde darstellt. Was der Dompteur jedoch für einen Gesichtsausdruck dabei macht, wird vom Pferd nicht bemerkt. Es ist völlig gleichgültig, ob er das Pferd bei einem »Pfui« anlacht oder bei einem »Brav« eine Grimasse schneidet. Sollte er aber auf die Idee kommen, zu seiner den Pferden wohlbekannten Kleidung plötzlich einen überdimensionalen Hut zu tragen, könnte das zu Komplikationen führen.

Das Menschenauge erfaßt einen Gegenstand mit beiden Augen zugleich, es sieht ihn plastisch und scharf. Die Augenachsen verlaufen parallel. Alles, was seitlich davon entfernt ist, wird mit zunehmender Entfernung unschärfer. Der Blickwinkel ist begrenzt. Das Pferdeauge dagegen ist nicht nach vorn gerichtet, sondern seitwärts, die Augenachsen divergieren erheblich. Das Pferdeauge kann somit einen bestimmten Gegenstand nicht so scharf wie der Mensch erkennen, es sieht aber Dinge in einem weitaus größeren Umkreis ziemlich gut. Wahrscheinlich vermag das Pferd einen nahezu geschlossenen Horizont gleichmäßig zu überblicken. Vergleichsweise würde dies einem extremen Weitwinkel Entsprechen, im Gegensatz zum »Normalobjektiv« des Menschen und dem »Teleobjektiv« eines Raubvogels.

Die Augenstellung des Pferdes hat sich als Folge der Anpassung an die Steppe ergeben. Zur Augenstellung kommt (den Rundblick begünstigend) die oval liegende Form der Pupille. Die ovale Pupille kann zudem noch größere Helligkeiten ertragen, denn der Unterschied zwischen voller Öffnung und absoluter Verengung ist größer als bei einer runden Pupille. Die Hornhaut des Pferdeauges ist in vertikaler Richtung stärker gekrümmt als in horizontaler; die Folge davon ist eine gewisse Verzerrung der Gegenstände, die sogenannte Stabsichtigkeit: Punktartige Gegenstände erscheinen in Form von Stäben. Eine hinter der Netzhaut befindliche fluoreszierende Schicht verstärkt die Lichtempfindlichkeit des Pferdeauges bei schwacher Beleuchtung. Das bedeutet, daß das Pferdeauge bei Dunkelheit weitaus besser sehen kann als das Menschenauge. Zusammenfassend sagt Blendinger über die Sehweise des Pferdes folgendes:*

1. Das Pferd sieht nicht schlechter und nicht besser als der Mensch, sondern gänzlich anders, so daß wir uns seine tatsächliche Art zu sehen nur begrenzt vorstellen können.
2. Das Pferd sieht einen Umkreis von beinahe 360° gleichzeitig relativ gut, jedoch nicht so scharf wie der Mensch einen einzelnen Punkt.
3. Da das Pferd nicht beide Augen auf einen bestimmten Punkt zu richten vermag, dürfte das perspektivische und plastische Sehen, das Schätzen der Entfernung und damit das richtige Taxieren schwieriger sein als für den Menschen.
4. Gewohnt, gleichzeitig zahlreiche Dinge zu beobachten, fällt es dem Pferd schwer, sich nach vorn auf ein bestimmtes Objekt zu konzentrieren. Zur Ausbildung des Springpferdes gehört es demnach auch, es im richtigen Sehen zu schulen.

* Wilhelm Blendinger: Psychologie und Verhaltensweise des Pferdes, Erich Hoffmann Verlag, Heidenheim/Brenz 1977[3], S. 214f. Abdruck mit freundlicher Genehmigung des Verlags.

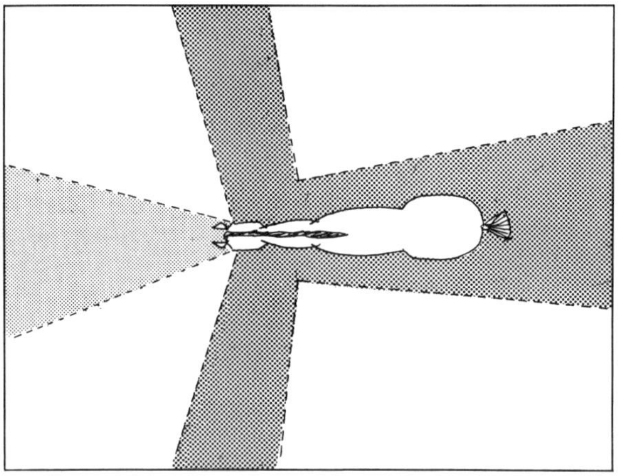

Das Blickfeld des Pferdes bei geradeaus gerichtetem Kopf umfaßt entweder den Winkel, der nach vorn gerichtet ist, *oder* die nach beiden Seiten *und* nach hinten gerichteten Sektoren, jedoch nicht den nach vorn gerichteten Winkel sowie gleichzeitig die Seitensektoren (nach Smythe).

5. Die Anpassungsfähigkeit an grelle Beleuchtung und an nahezu völlige Dunkelheit ist sehr viel größer als die des Menschen. Dagegen geht die Adaption an rasch wechselnde Helligkeit vermutlich langsamer vor sich.
6. Die Bewegungssehschärfe ist der des Menschen überlegen.
7. Das Pferd erkennt zwar die Farben Rot, Gelb, Grün und Blau, jedoch in anderer Intensität als der Mensch, nämlich Gelb und Grün deutlicher als Blau und Rot.

Dinge, die ein Pferd fürchtet, wird es erst dann völlig akzeptieren, wenn es sie berochen und mit der Nase berührt hat, und zwar wiederholte Male. Es wird sich abwenden und wieder zurückkehren, um den Gegenstand ebenso sorgfältig nochmals zu prüfen. Zur Ängstlichkeit kommt die Neugierde; beim inneren Kampf wird zumeist die Neugierde überwiegen. Trotzdem kann es geschehen, daß es sich später dennoch wieder aufregen wird! Andererseits gibt es Gerüche, die Pferden – wie vielen Lebewesen – ungeheure Furcht einflößen, dazu gehört z. B. Blut, Rauch oder der erinnerungsschwangere Odeur um den Tierarzt. Es gibt einen Satz, der besagt, daß das Pferd mit der Nase denke. Ausgesprochene Zuneigungen oder Aversionen von Pferden zu Menschen sind oft durch Geruchswahrnehmungen bedingt. Ein Mensch, der Angst hat, riecht anders als der, der einem Pferd entschlossen und energisch begegnet – abgesehen davon, daß er sich schon anders bewegt.
Zu den Wahrnehmungsmöglichkeiten Auge und Nase kommt das Ohr. Es ist beim Pferd außerordentlich fein ausgebildet. Die Ohrmuscheln des Pferdes sind in ständiger Bewegung und orten fortlaufend Geräusche, die der Mensch oft nicht mehr hören kann. Ein raschelndes Blatt, ein Reh im Getreidefeld wird vom Pferd notiert, ohne daß der Reiter das Geräusch überhaupt wahrgenommen hat. Bei sehr nervösen und empfindlichen Pferden muß der Reiter

Reaktionsschnelles Nachfassen der Zügel bei der Zügelführung mit einer Hand.

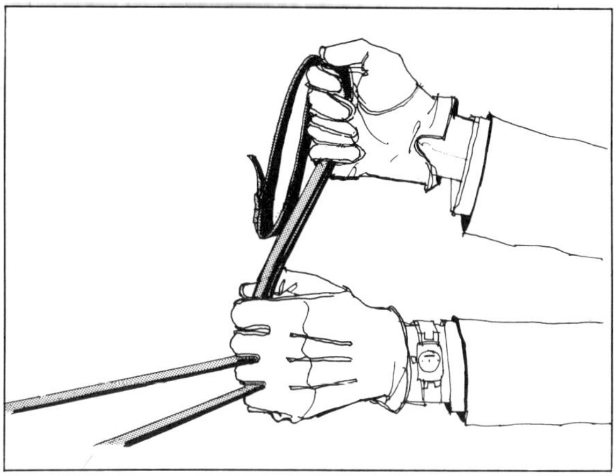

ständig darauf gefaßt sein, daß sich sein Pferd über irgend etwas aufregen könnte. Sorgloses Dahinreiten kann Folgen haben. Seien Sie deshalb stets bereit, die Zügel in der Hand zu haben, wenn es nötig sein sollte, und gewöhnen Sie sich an einen gefestigten Knieschluß. Wenn Sie im Gelände z. B. mit hingegebenen Zügeln reiten, dann gewöhnen Sie sich an, bei einer notwendigen plötzlichen Zügelaufnahme die Zügel immer in der linken Hand normal zu halten. Die rechte Hand kann dann die Zügel durch die linke Hand durchziehend auf das richtige Maß bringen. So haben Sie Ihr Pferd erst einmal an der Hand und können dann mit der rechten Hand ebenfalls Ihren Zügel aufnehmen. Das ist besser, als mit beiden Händen die Zügel aufnehmen zu wollen, die bei einer plötzlichen Manipulation bestimmt durcheinandergeraten.

Häufig nimmt also das Pferd Dinge früher als der Reiter wahr, vor denen es glaubt, Angst haben zu müssen. Oft gebietet es aber die Situation, daß der Reiter vorausahnen sollte, wovor sein Pferd scheuen könnte. Wenn Sie z. B. einen Gegenstand nicht umreiten können, dann werden Sie sich auf ihn vorbereiten müssen, ohne daß sich die Unsicherheit oder gar Ängstlichkeit des Reiters auf das Pferd übertragen darf. Andererseits sollten Sie aber auch nicht energischer als notwendig sein, denn auch das wird Ihr Pferd notieren.

Sie haben z. B. den Zeitung lesenden Mann auf der Bank vor Ihrem Pferd gesehen; Ihr Pferd wird ihn erst bemerken, wenn er sich bewegt, und dann erschrecken bzw. wegspringen. Es wird aber nur ein paar Sprünge machen, bis die nötige »Fluchtdistanz« hergestellt ist, um dann stehenzubleiben und zu erkennen versuchen, was da so »Schreckliches« war. Dieses Wegspringen zu bestrafen ist unsinnig, denn eine solche Reflexbewegung werden Sie aus Ihrem Pferd nie heraus»prügeln« können. Ihr Pferd gehorcht damit einem Naturgesetz, denn es hat eine dem menschlichen Auge offensichtlich überle-

Kinderwagen, Regen- oder Sonnenschirme, Handwagen, aber auch andere oft äußerst banale Dinge können ein Pferd zum Wegspringen veranlassen.

gene Bewegungssehschärfe. Das Pferd nimmt also Objekte, die sich plötzlich bewegen, besonders deutlich wahr – und besonders schnell. Dieser schnelle Wahrnehmungsmoment, weitaus schneller als beim Menschen, hat zur Folge, daß Pferde abrupt zur Seite wegspringen können, bevor der Mensch selbst das Objekt wahrgenommen hat. Sie sollen Ihr Pferd natürlich auch nicht dafür loben, daß es wegspringt. Besser ist es, vorausahnen zu lernen, was kommen könnte.

Im Gegensatz zu diesen sich plötzlich bewegenden furchterregenden Gegenständen steht das Verhalten zu unbeweglichen Objekten, wie etwa Ackermaschinen, Feldscheunen, Holzstößen oder was auch immer. Gegen diese wird ein Pferd schnaubend, verspannt, mit der ständigen Bereitschaft, plötzlich kehrtzumachen oder seitwärts wegzuspringen, reagieren. Es wird also nicht reflexartig wegspringen wie bei einem Gegenstand, der sich »aus heiterem Himmel« bewegt, sondern eher reagieren wie etwa ein berittener Spähtrupp vor einem möglicherweise vom Feind besetzten Waldrand. In entsprechender Fluchtdistanz wird es plötzlich kehrtmachen, um den vermuteten Feind aus dem Hinterhalt zu locken.

Wovor scheuen nun Pferde und wie verhält man sich in Kenntnis der visuellen Ursachen des Scheuens? Junge Pferde ohne Erfahrung sind generell ängstlicher – aber auch neugieriger. Unbekannte Gegenstände werden schon in größerer Entfernung mit großer Skepsis beäugt. Es ist ratsam, ein furchtloseres, vielleicht auch erfahreneres Pferd vorausgehen zu lassen. Gelingt es Ihnen, Ihr Pferd an den Gegenstand seines Mißtrauens heranzubringen, haben Sie viel gewonnen. Wenn Sie ein junges oder ängstliches Pferd im

Gelände reiten, dann seien Sie ständig durch entschlossenen festen Sitz darauf gefaßt, daß es irgend etwas geben könnte, was das Pferd verwirren könnte. Das kann ein Tier im Gebüsch, am Waldrand oder im Kornfeld sein, es kann aber auch eine Papier- oder Plastiktüte sein, die der Wind aufwirbelt oder auf die im Vorbeireiten Erdbrocken stieben. Da hilft nur, das Pferd gut an den Hilfen zu haben, bei geschlossenen Knien und kontrollierter Anlehnung, auf keinen Fall im Leichttraben, sondern im Aussitzen bei leicht zurückgenommenem Oberkörper. Wenn Sie also an einem Waldrand entlangtraben oder -galoppieren, dann tun Sie es, wenn möglich, in genügendem Abstand und nehmen Sie in jedem Fall Ihr Pferd gut an die Hilfen. Sollten Sie übrigens eine Stelle passieren, an der Ihr Pferd schon einmal weggesprungen ist, so denken Sie daran, daß es dies prompt wieder tun wird – auch nach Jahren!

Dieses Wegspringen als die leichteste Form des Scheuens kann mitunter auch Übermut sein; es gibt Pferde, die gern jede Möglichkeit ergreifen, ihrer Kraft Ausdruck zu geben. Es hat wenig Sinn, Ihr Pferd ins Maul zu reißen; zum Wegspringen wird das nächste Mal die Angst vor dem Schmerz kommen. Parieren Sie lieber durch und reiten Sie ein paarmal im Schritt vorbei, zeigen Sie Ihrem Pferd, daß es keinen Anlaß haben muß sich aufzuregen, und loben Sie es, wenn es seine Aufregung allmählich vergißt. Der Übermut, das Scheuen, können auch Anlaß sein, kurz die Muskeln erproben zu können – wie ein Kind, das zu lange auf einem Flecken sitzen mußte und endlich ein paar Luftsprünge machen will. Solche Pferde gehören halt mal vorwärtsgeritten, zum Dampf ablassen. Es gibt Pferde, die das Scheuen (wollen!) vorschieben, um kehrtmachen zu können – in Richtung Stall. Auf dem Weg zum Stall werden sie meist weniger Grund zum Scheuen finden.

Motive, sich aufregen zu müssen, gibt es jede Menge: der Mensch, der auf der Bank am Wegrand sitzt und Zeitung liest, der Kinderwagen, der vor der Bank

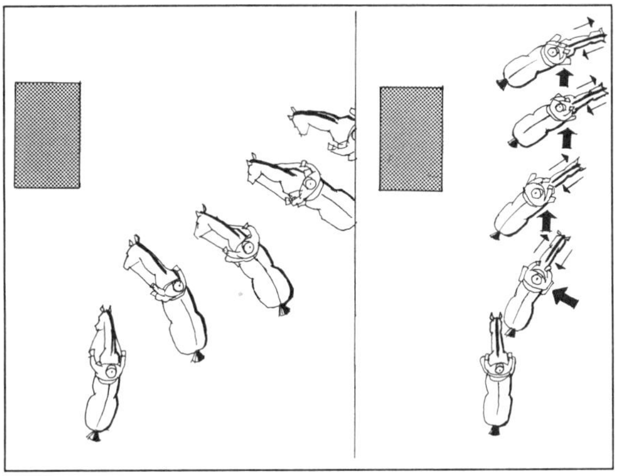

Links: Falsche Stellung zu einem Gegenstand, vor dem das Pferd scheut; das Pferd tritt zurück. *Rechts:* Richtig ist es, das Pferd abzuwenden und seitwärts-vorwärts vorbeizureiten, statt daß es zurücktritt (und sich dabei vermehrt den Hilfen entzieht).

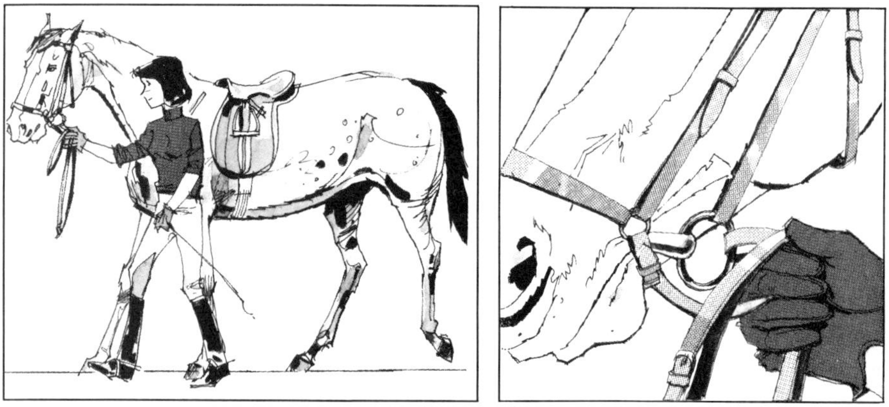

Richtiges Führen eines Pferdes an der Hand. Keinen steifen Arm! Leicht anwinkeln, Zeige- und Mittelfinger teilen die Trensenzügel, den übergeschlagenen Rest hält der Daumen fest. Auf diese Weise wird ein scheuendes oder wegspringendes Pferd stets rechtzeitig wieder an die Hand zu bekommen sein.

steht, womöglich mit Sonnenschirm, der Pilzsammler, der sich hinter einem Baum bückt, der Skifahrer, der durch den Schnee gleitet, ein Holzstoß usw. usw.

Was tun, wenn es nun zu ausgesprochener Widersetzlichkeit kommt und Ihr Pferd partout nicht vorbeizubringen ist, auch dann nicht, wenn Sie sich an ein Führpferd anhängen können, sofern eines da ist? Ein gut plazierter Hieb kann helfen – aber prügeln Sie nicht. Wenden Sie Ihr Pferd von dem Gegenstand seiner Furcht ab und versuchen Sie, im Schenkelweichen Ihr Pferd seitwärts vorbeizutreiben; dabei sollen Sie allerdings bestimmt in Ihren Hilfen sein. Ihre eigene Unsicherheit überträgt sich auch auf Ihr Pferd. Denken Sie daran, daß das Auge Ihres Pferdes den furchtbaren Gegenstand um so weniger verzerrt sieht, je weniger es diesen Gegenstand vor sich sieht. Also wenden Sie seinen Kopf ab nach der anderen Richtung.

Hilft alles nichts, dann sitzen Sie ab und führen Sie Ihr Pferd. Aber nehmen Sie die Zügel herunter! Das ist wichtig, denn Sie haben so Ihr Pferd besser in der Hand. Führen Sie ordnungsgemäß: Zügel in der rechten Hand, wenn sich das Hindernis auf der linken Seite befindet, Zügelende mit Daumen festhalten, Zeige- und Mittelfinger teilen die Zügel eine Handbreit unter den Trensenringen. Wenn Sie eine Gerte bei sich haben, so nehmen Sie sie in die linke Hand, legen Sie sie, falls es nötig sein sollte, an die Hinterhand des Pferdes. Sie sollten stets auf der Seite des Hindernisses gehen, denn Ihr Pferd kann Sie so nicht wegdrängen oder gar umstoßen. Befindet sich der Gegenstand, vor dem sich Ihr Pferd fürchtet, auf der rechten Seite, müssen Sie Ihr Pferd mit der linken Hand führen und die Gerte in die rechte Hand nehmen. Und, wie schon

einmal erwähnt: Ziehen Sie nicht am Zügel – Ihr Pferd ist ja doch der Stärkere. Außerdem: Schauen Sie Ihrem Pferd nicht in die Augen!
Macht Ihr Pferd keine so großen Schwierigkeiten, dann lassen Sie es mit viel Geduld Ihrerseits an den Gegenstand herantreten, damit es sich davon überzeugt, daß das ja gar nichts Böses sein kann. Sitzen Sie aber bei aller Nachgiebigkeit gut am Pferd, denn es könnte plötzlich kehrtmachen wollen. Die Schenkel sollten dafür sorgen, daß das Pferd spürt, daß sein Reiter keinen Unfug zuzulassen gewillt ist.
Sie können aber auch schon zu Hause bei der Arbeit auf dem Platz oder in der Halle derartige Situationen trainieren. Legen Sie ein Stück Papier auf den Hallenboden, eine aufgeschlagene Zeitung, einen Bogen Packpapier und zwar möglichst in die Nähe des Hufschlags, so daß es raschelt, wenn durch das vorbeigehende Pferd aufgewirbelte Brocken vom Boden auf das Papier fallen. Stellen Sie auch mal einen Tisch mit Gegenständen auf den Platz oder in die Halle. Die Richter am Tisch können mit Papier rascheln, oder ein Windstoß kann ein Blatt wegwehen oder eine Buchseite umschlagen – und da ist auch noch der Sonnenschirm! Stellen Sie jemand mit Schirm in die Bahn oder auf den Platz, lassen Sie den Schirm schwenken oder bewegen; auch ein Kinderwagen kann zum Training aufgestellt werden, es gibt viele Möglichkeiten. Auch Lärm sollten Sie zur Gewöhnung werden lassen.

Es ist durchaus möglich, Pferde systematisch durch Erziehung an Ungewöhnliches zu gewöhnen. Die Beschäftigung mit den Pferden erstreckt sich ja nicht nur allein darauf, bestimmte Dressuraufgaben zu absolvieren oder Parcours in noch kürzerer Zeit mit noch höheren Hindernissen zu überwinden; daneben gibt es auch die Möglichkeit, mit unseren Pferden im Gelände zu bummeln und spazierenzugehen. Erstaunlicherweise ist es ja heute so, daß die Pferde weniger vor einem Auto oder Traktor scheuen als vor einer Kuh oder einem Schaf auf der Weide; ein Düsenjäger erschreckt weitaus weniger als ein auffliegender Vogel im Gebüsch!
Bei übertrieben bodenscheuen Pferden liegt mit Sicherheit eine Beeinträchtigung des Sehvermögens vor. Es sind Versuche gemacht worden, auf einer Koppel, die den Pferden bekannt war, mit Kalkfarbe eine dicke Linie ins Gras zu malen; diese Linie wurde von den Pferden übersprungen. Ebenso kann es passieren, daß ein Pferd, dem in der Halle zum Beispiel eine Stange oder Cavaletti auf den Hufschlag gelegt wurde, den Eindruck, den die Stange auf dem Boden hinterließ, ebenso übersprang wie die vorher dort gelegene Stange. Sie werden es nicht ändern können, wenn Ihr Pferd bodenscheu ist; aber Sie können es darauf trainieren, daß Sie selbst nicht fortlaufend in Schwierigkeiten kommen, nur weil Ihr Pferd beispielsweise durch keine Pfütze gehen will.

Nicht-ins-Wasser-Gehen-Wollen

Das Nicht-ins-Wasser-Gehen-Wollen bedeutet nicht, daß das Pferd wasserscheu ist. Pferde sind im allgemeinen nicht wasserscheu. Aber bereits eine Pfütze auf der Stallgasse wird, besonders von jungen Pferden, mit äußerster Gespanntheit und mit Schnauben registriert. Das erste Hufewaschen einer Remonte, dem dies nicht von früh auf zur Gewohnheit gemacht wurde, kann ein Problem werden. Schon der Eimer erregt Mißtrauen. Die Kälte an den Beinen und das herabrinnende Wasser bzw. die entstehende Pfütze können ein Pferd zur Widersetzlichkeit bringen. Beginnen Sie mit den Hinterbeinen, denn zumeist lassen sich Pferde hinten eher waschen als vorn. Nehmen Sie einen Schwamm, keine harte Bürste, und möglichst kein zu kaltes Wasser. Lassen Sie, wenn es dennoch nicht so einfach gehen sollte, den Vorderfuß der gleichen Seite hochheben und begnügen Sie sich mit kleinen Anfängen. Sie sollten versuchen, keine allzu große Wasserpfütze entstehen zu lassen.
Nach und nach wird sich Ihr Pferd an das Waschen gewöhnen; dann unternehmen Sie die gleiche Prozedur mit dem Schlauch. Zunächst wenig Druck nehmend, gewöhnen Sie das Pferd daran, sich bis an das Karpal- bzw. Sprunggelenk bespülen zu lassen. Erst nach und nach dürfen Sie den Strahl schärfer werden lassen. Die Pfütze, die sich dabei auf dem Boden bildet (sei es im Stall, auf der Stallgasse oder vor dem Stall), nehmen Sie zum Anlaß, Ihr Pferd hindurchzuführen. Gewöhnen Sie es auch daran, durch Wasserpfützen zu gehen, die nach größeren Regengüssen entstanden sind. Sie sollten Ihr Pferd aber nie verstören, indem Sie versuchen, im Gelände durch ein Wasserloch zu reiten, in dem es eventuell überraschende Schwierigkeiten in tiefem, grundlosem Boden haben könnte. Solche Stellen gibt es auf sumpfigen Wiesen oder Äckern. Hat Ihr Pferd erst einmal schlechte Erfahrungen gemacht, wird es zu Ihnen kein Vertrauen mehr haben und sich weigern, durch die nächste harmlose Pfütze zu gehen. Mitunter kann es von Nutzen sein, abzusitzen und das Pferd durch die Pfütze zu führen bzw. es hinter einem Führpferd gehen zu lassen. Versuchen Sie keinesfalls, zuviel Ehrgeiz zu entwickeln, falls sich Ihr Pferd weigert. Warten Sie, bis ein anderes Pferd das Ihre mitzieht.
Wenn nun an einem Bach oder Teich trotz aller Geduld Ihre Bemühungen dennoch zu keinem Erfolg führen, dann sollten Sie mit einer Longe oder einem entsprechenden Strick und wenigstens drei Helfern wieder an diese Stelle zurückkehren. Die Longe wird, wie schon beim Verladen geschildert,

um die Kruppe des Pferdes geführt. Die beiden Helfer ziehen ihre Longe unterhalb der Kruppe fest an. Sie selbst sitzen auf dem Pferd und halten es gerade, damit es weder nach rechts noch nach links ausbrechen kann. Von hinten wird gegebenenfalls nachgeholfen. Seien Sie und Ihre Helfer energisch, ohne dabei zu schreien oder zu prügeln; einmal kräftig hingelangt in dem Moment, wenn die Unterstützung notwendig erscheint, kann jedoch angebracht sein. Steht Ihr Pferd bereits mit den Vorderbeinen im Wasser, so lassen Sie es sich erst einmal mit dem Abenteuer abfinden. Natürlich darf es keinesfalls zurück – aber die weiteren Schritte werden leichter gehen. Wiederholen Sie den Versuch zwei- bis dreimal und geben Sie sich fürs erste zufrieden. Bei schmaleren Bächen kann es passieren, daß Ihr Pferd einen Riesensatz macht; dagegen sollten Sie gewappnet sein: Reißen Sie ihm nichts ins Maul, sondern geben Sie ihrem Pferd blitzschnell die Zügel hin.
Haben Sie Ihr Pferd durchs Hufewaschen bereits vortrainiert, dann hilft es oft, wenn ein Helfer die Vorderbeine Ihres Pferdes mit dem Wasser des Teichs oder Bachs bespült, an dem Sie stehen. Vermeiden Sie, daß sich Ihr Pferd durch Steigen widersetzt. Kommt es dennoch dazu, dann sollten die Helfer die Longe oder Leine nicht um die Kruppe führen, sondern das Pferd an den Longen von vorn energisch festhalten, damit es gar nicht erst hochkommen kann. Wahrscheinlich wird Ihr Pferd sich an einer anderen Stelle aufs neue weigern. Lassen Sie durch energisches Treiben und Sprechen keinen Zweifel aufkommen, daß es da ebenfalls durch oder hinein muß – eventuell hinter einem Führpferd –, bis auch diese Stellen akzeptiert sind. Allmählich wird es begreifen lernen, daß sein Reiter nicht nachgeben wird.
Viele Pferde fangen im Wasser mit den Vorderbeinen zu planschen an. Man glaubt, daß das Pferd dabei die Tiefe orten will. Auch wird davon gesprochen, es werde seitens des Tieres durch dieses Schlagen eine Unsicherheit vor dem

Zwei Helfer an der Longe (oder am Seil) von vorn sowie eventuell ein dritter von hinten (unter Umständen mit einer nachhelfenden Peitsche) werden jedes Pferd ins Wasser bringen.

Unergründlichen im Wasser abreagiert oder eine imaginäre Gefahr vertrieben. Sehr oft scheinen es mir jedoch reine Spielerei und einfach die Freude am Wasser zu sein, denn Pferde, die die Gelegenheit haben, ohne Reiter ins Wasser zu gehen, tun es auch. Sie würden wohl kaum freiwillig ins Wasser gehen, verspürten sie auch nur einen Funken von Furcht.
Oft bedeutet dieses Planschen aber auch den Auftakt dazu, sich hinlegen zu wollen, und es gibt Pferde, die dabei außerordentlich schnell verfahren können. Es ist schon oft passiert, daß sich Pferd samt Reiter im Wasser wiederfanden. Bei der leisesten Regung Ihres Pferdes, vorn in die »Knie« zu gehen, müssen Sie blitzschnell reagieren und es durch einen kräftigen Ruck nach oben bei gleichzeitigem beidseitigem Sporenstich und lauter Stimme Ihrerseits wieder auf die Beine stellen. Nicht alle Pferde haben diese Angewohnheit; Ihr eigenes Pferd werden Sie ja kennen; bei fremden Pferden sollten Sie indessen vorsichtig sein.
Es bedarf wohl kaum des Hinweises, daß Sie sich bei der Gewöhnung Ihres Pferdes an das Wasser nicht die schwierigsten Stellen eines Bachs oder Teichs aussuchen. Ihr Pferd soll Vertrauen zu Ihnen bekommen, es soll also durch die Überwindung eines leichten Hindernisses – in diesem Fall der Pfütze, des Bachs etc. – lernen, sich auf Sie verlassen zu können. Ihr Pferd hat ganz einfach Angst vor dem unbekannten Boden, der sich unter der Wasserfläche verbirgt. Der Huf des Pferdes belastet pro Quadratzentimeter der Hufflàche den Boden um das Zehnfache mehr als der Mensch; damit ist die Gefahr, einzusinken, ebensoviel größer. Vom Reiter soll das Pferd das Vertrauen vermittelt bekommen, daß ihm im Wasser nichts passiert. Dieser auf Vertrauen gebaute Gehorsam wird Ihr Pferd später dazu bringen, über ein – zunächst niedriges – Hindernis ins Wasser zu springen.
Auch an das Überwinden von Gräben sollten Sie das Pferd nur langsam gewöhnen. Normalerweise ist es für Pferde überhaupt kein Problem, einen Wassergraben von zwei Meter zu überspringen; das bedeutet für sie nicht mehr als einen erweiterten Galoppsprung. Warum also sollten sie diesen Sprung nicht machen können? Der glitzernde Wasserspiegel mag ein Irritationsmoment sein. Andererseits ist es bekannt, daß Pferde durchaus auch ohne Reiter über Gräben gesprungen sind.
Mit Plastikplanen ist es heute sehr leicht möglich, Gräben jeder gewünschten Breite anzulegen. Sie können sogar nur mit einer silbrigen Folie, ohne Wasser, auskommen. Ratsam ist eine Sprungerleichterung entweder in der Form des »offenen Grabens« mit einer kleinen Absprungbürste oder des »überbauten Grabens«, mit dem feststehenden niedrigen Rick in der Mitte, das für das Pferd in jedem Fall eine wesentliche Erleichterung bedeutet.
Früher wurden Pferde im sogenannten Couloir frei eingesprungen. Diese Anlagen gibt es heute nicht mehr so häufig. Mit Fängen läßt sich aber auch ein

Behelf aufbauen; diese Möglichkeit sollten Sie wahrnehmen, Ihr Pferd ohne Reiter auch an Sprünge über mit Folien künstlich gebaute Gräben zu gewöhnen, wobei die Breite erfahrungsgemäß eine sekundäre Rolle spielt. Bodenscheue Pferde werden größere Schwierigkeiten machen und vermutlich immer unsicher bleiben. In diesen Fällen sollte man sich indessen darüber klarwerden, daß man diesen Pferden nichts Gutes antut, wenn sie z. B. auf Turnieren oder Jagden mit einer solchen Aufgabe konfrontiert werden; so kommt es allzuoft zu wenig erfreulichen Szenenbildern.
Für den Spazierreiter ist es gleichgültig, ob sein Pferd nun durch die Pfütze, über den Graben oder in den Teich geht oder nicht. Er wird eben das Hindernis umreiten müssen. Dies gilt, wie oben gesagt, als letzte Konsequenz für Pferde, die sich mit keinem der obengenannten Mittel dazu bewegen lassen, gehorsam zu sein. Es ist ja ebenso absurd, ein Pferd zur Dressur ausbilden zu wollen, das konstitutionell von vornherein nicht die notwendigen Voraussetzungen mit sich bringt.

Verweigern

Unter Verweigern versteht man, daß sich ein Pferd unter dem Reiter weigert, einen Sprung zu überwinden. Verweigern kann darin bestehen, daß das Pferd vor dem Hindernis stehenbleibt oder seitwärts ausbricht. Die in der LPO (Leistungsprüfungsordnung) festgelegten weiteren Spezifizierungen des Verweigerns spielen in unserem Zusammenhang keine Rolle, denn hier geht es um die Untersuchung, wie dieser – zur Unart werdende – generelle Ungehorsam vermieden oder beseitigt werden kann. Es geht auch nicht um die Diskussion, wann das Springen überdimensionaler Hindernisse für das Pferd eine widernatürliche Zumutung wird. Daß es Pferde gibt, die gern springen, ist glaubwürdig bestätigt; ob sie aber immer und immer wieder und gern sehr hoch und weit springen wollen, ist zumindest anzuzweifeln. Was uns hier interessiert, ist, einem Pferd abzugewöhnen, die für ein Pferd normalen Hindernisse zu verweigern, und zu untersuchen, wieso es sie verweigert.
Die Ausbildung des jungen Pferdes schließt auch das Springen ein. Wenn im Verlauf dieser Ausbildung keine Fehler gemacht worden sind, werden wir ein Pferd haben, das jedes normale Hindernis springen wird. Aus irgendeinem Grund kann es aber doch einmal passieren, daß ein Pferd einen Sprung verweigert, womöglich daraufhin falsch angefaßt und nach und nach gründlich verdorben wird, so daß es überhaupt nicht mehr oder nicht mehr zuverlässig springt. Es gibt viele Gründe, weshalb ein Pferd nicht mehr springen mag.
Als wesentliche Erkenntnis können wir anführen, daß sowohl psychisch wie körperlich besonders gut veranlagte Pferde allgemein mehr Schwierigkeiten machen als solche, die sich dem Willen des Menschen eher unterordnen und eher nachgeben. Oft geben sich Remonten in der Ausbildung schwierig; sie müssen aber nicht unbedingt die schlechtesten Pferde ergeben. Es kann sogar behauptet werden, daß es ein Zeichen von größerer Intelligenz sein kann, wenn ein Pferd Dinge mit Widerstand tut, die ihm nicht zusagen. Hier gilt es in besonderem Maße, das Vertrauen zwischen Reiter und Pferd wieder herzustellen. Ohnehin ist nicht jedes Verweigern, d. h. das Entziehen der reiterlichen Hilfen, als Unart oder Untugend zu bezeichnen, denn in den meisten Fällen ist die Schuld beim Reiter zu suchen. Die Grenze ist schwer zu ziehen, wo im einzelnen der Fehler liegen mag. Wir wollen in unserer Untersuchung jedoch davon ausgehen, die möglichen Fehlerquellen, die beim Pferde liegen könnten, aufzuzeichnen. Hierbei ist als selbstverständlich vorauszusetzen,

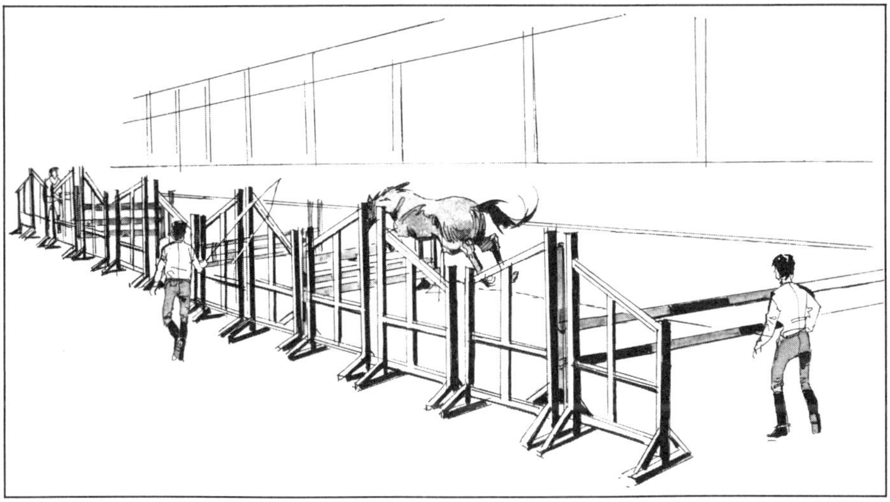

Couloir, aus Fängen gebaut.

daß unser Pferd sich nicht aus einem körperlichen Mangel dem Willen des Reiters entzieht. Eine Lahmheit, Schmerzen im Rücken, ein falscher Beschlag, womöglich eine Hufrolle – kurz gesagt: ein Schmerzgefühl jeder Art kann die Ursache sein, weshalb sich ein Pferd weigert, sich weiteren Schmerzen auszusetzen.

Wir sollten einmal die psychologische Seite des Verweigerns betrachten. Es gibt Pferde, die einen normalen, d. h. einen weder schwierigen noch extrem leichten Parcours blendend gehen, wenn nur der erste Sprung klappt. Sie versuchen aber, diesen ersten Sprung zu verweigern, um nicht den ganzen Parcours gehen zu müssen. Vermag der Reiter sie über diesen ersten Sprung zu zwingen, läuft alles weitere normal. Andere Pferde haben Abneigungen gegen ganz bestimmte Sprünge und wissen ganz genau, daß sie nach dreimaligem Verweigern »nach Hause« dürfen. Bei dieser Gelegenheit ist übrigens einzuflechten, daß Pferde durchaus ein Zahlengedächtnis haben. Pferde, die beispielsweise in ihrer Ausbildung beim Rückwärtsrichten ausschließlich auf eine bestimmte Trittzahl spezialisiert wurden, werden stocken, wenn von ihnen eine andere Trittzahl verlangt wird. Maday berichtet von Grubenpferden, die genau wußten, wann sie die dreißigste Fahrt hinter sich gebracht hatten und in den Stall durften.

Eine weitere Ursache des Verweigerns sind die Farben der Hindernisse. Pferde sehen Farben anders als wir. Die Farbskala des Pferdes ist kleiner, d. h. das Pferd kann wohl Farben erkennen, aber nur einen Teil des menschlichen Farbspektrums. Nach Grzimek erkennen Pferde zwar die Farben Gelb, Grün, Rot und Blau nach ihrer Farbqualität, aber nicht nach dem den verschiedenen

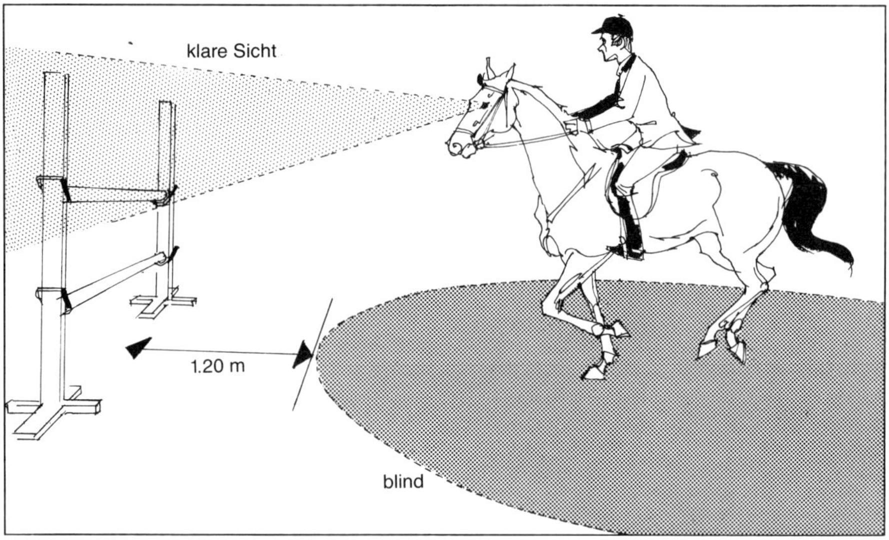

Blickfeld des Pferdes vor dem Sprung mit erhobenem Kopf. Der Boden ist für das Pferd bis auf ca. 1,20 m Entfernung vor dem Hindernis nicht sichtbar (nach SMYTHE).

Farben eigenen Helligkeitsgrad. Er machte Versuche mit graugetönten Flächen in unterschiedlicher Helligkeit. Dabei ergab sich, daß das Pferd offenbar Gelb und Grün deutlicher wahrnimmt als Rot und Blau. Auch der Mensch erkennt Gelb und Grün aus weiterer Entfernung deutlicher – eine Tatsache, die sich übrigens auch bei der Farbgebung von Automobilen niedergeschlagen hat.

Ein für uns bunter Springplatz mit seinen vielfarbigen Stangen, Planken, Gattern, Mauern und Blumenkästen erscheint einem Pferd keineswegs so farbenprächtig wie dem Menschen. Es hat sich gezeigt, daß an blauen Stangen häufiger Springfehler gemacht wurden als an andersfarbigen. Als Folgerung daraus ergibt sich, daß man einem Pferd mit dunklen Farben (Dunkelrot, Dunkelblau) das Erkennen erschwert, mit hellen Farben (Gelb, Grün, Weiß) das Springen dagegen erleichtert.

Eine weitere Fehlerquelle beim Springen kann in der Lichtempfindlichkeit liegen, die ein Pferd starkem Licht gegenüber oder bei stark unterschiedlichen Beleuchtungen verspürt. Bekannt ist, daß gegen die Sonne zu springende Hindernisse oft schlecht gesprungen werden. Bei Nachtspringen entstehen zwischen den mit grellen Scheinwerfern ausgeleuchteten Hindernissen regelrecht dunkle Löcher, in die das Pferd hineinspringen muß. Es ist daher ratsam, sich bei Nachtspringen mit dem Pferd vor dem Springen nicht im Dunklen aufzuhalten, bevor man auf den hell- oder gar grell erleuchteten Platz geht.

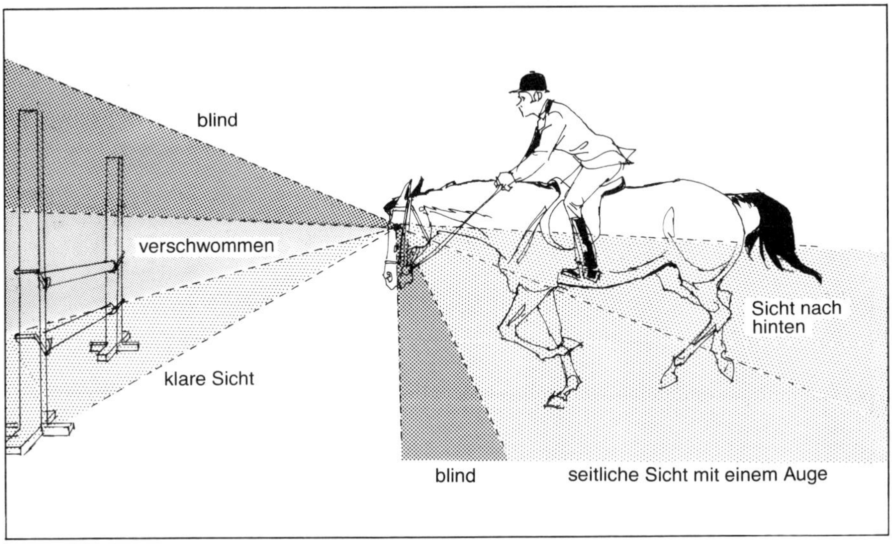

Blickfeld des Pferdes vor dem Hindernis mit gesenktem Kopf (nach SMYTHE). Zu beachten die aus der Kopfhaltung resultierenden Blickfelder.

Wir müssen in diesem Zusammenhang aber noch auf eine weitere sehr wichtige mögliche Fehlerquelle hinweisen: das Auge des Pferdes. In Ergänzung zu dem im Kapitel »Scheuen« Gesagten sehen Sie sich bitte die obenstehenden Illustrationen an. Sicher ist Ihnen schon aufgefallen, daß Pferde im Parcours vor dem Sprung oft den Kopf heben, senken oder zur Seite wenden. Sie suchen sich die beste Optik des Auges aus, um sich ein Bild von Abstand und Abmessungen des Hindernisses machen zu können. Ebenso interessant ist die Kopfhaltung eines auf eigenwillige Art gerittenen hervorragenden Springpferdes zwischen den Hindernissen mit bis auf die Brust gesenkter Nase und andererseits aber völlig freiem Kopf kurz vor dem Hindernis. Die beiden Zeichnungen lassen in jedem Fall den Schluß zu, daß das Pferd die Möglichkeit haben muß, durch Bewegen des Kopfes das Hindernis genau abschätzen zu können.

Pferde weichen beim Ausbrechen vor dem Hindernis vorzugsweise nach links aus. Dieser Tatsache sollte man nicht erst auf dem Springplatz, wenn es zum Ausbrechen kommt, Rechnung tragen, sondern sie bereits in der Ausbildung bedenken. Die meisten Pferde sind – wie der Mensch – »Rechtshänder«, erkennbar übrigens an der normalerweise bei »Rechtshänder«-Pferden nach rechts liegenden Mähne.

Bereits beim Fohlen ist zu beobachten, daß es den Linksgalopp bevorzugt. Beim ersten Longieren wird es auf der rechten Hand immer wieder versuchen

kehrtzumachen. Das Pferd wird auch später immer wieder seine hohle linke Seite anbieten.
Die Arbeit sollte zwar auf der linken Hand begonnen werden, mit fortschreitender Kräftigung des jungen Pferdes jedoch gilt es mehr und mehr, die rechte Biegung zu fördern und das Pferd an den rechten Zügel zu bringen. Die natürliche Schiefe wird sicher immer wieder, besonders bei fortgeschrittenen Lektionen der Dressur, Schwierigkeiten machen, aber stets sollte der altbekannte Grundsatz von STEINBRECHT Beachtung finden, sein Pferd vorwärtszureiten und geradezurichten. Dies trifft auch für das Pferd zu, das springen soll. Was für das rechtshändige Pferd gilt, gilt natürlich gleichermaßen für das linkshändige. Jeder Reiter sollte also wissen, ob sein Pferd von Natur aus nach links oder rechts schief veranlagt ist, um es geraderichten zu können. Ein geradegerichtetes Pferd wird nach einem im Rechtsgalopp angerittenen Hindernis auch im Rechtsgalopp landen.
Jeder empfindsame Reiter kann sich vorstellen, welche Belastung auf Sehnen und Gelenke des Pferdes einwirkt, wenn es z. B. im Linksgalopp landet und anschließend eine starke Rechtswendung hinter sich zu bringen hat. Die Arbeit auf dem Abreiteplatz sollte mehr auf der rechten Hand als auf der linken geschehen. Das vorwiegend auf der linken Hand gezeigte Abreiten strapaziert übermäßig den rechten Vorderfuß und wirkt dem Geraderichten entgegen. BLENDINGER empfiehlt überdies sogar, beim Reiten im Gelände Hindernisse, die nicht gesprungen, also umritten werden (z. B. Bäume), mit rechtsfüßigen Pferden rechts zu umreiten, um durch fortwährende Gewöhnung dem Drang entgegenzuwirken, nach links wegzubrechen. Oft findet man Pferde, die ihren Reiter im Sattel nach links setzen; dies ist ein Zeichen für die von Natur aus weniger stark ausgebildete Widerristmuskulatur der linken Seite. Auch da gilt es, durch vermehrte Arbeit, besonders auch in versammeltem Rechtsgalopp, die Muskulatur der linken Seite zu stärken.

Steigen

Ein steigendes Pferd hat sich den treibenden Hilfen des Reiters entzogen, will nicht vorwärtsgehen und geht zumeist hinter dem Zügel. Im Vorwärts kann ein Pferd nicht steigen. Bevor es steigt, wird es sich verhalten, rückwärtstreten und sich dann erheben. Hat ein Pferd erst einmal die Erfahrung gemacht, daß sein Reiter beim geringsten Erheben unsicher wird, benutzt es das Steigen als Mittel, sich dem Willen des Reiters zu entziehen. Pferde, die zum Steigen tendieren, müssen stets gut vorwärtsgeritten werden. Wichtig ist, darauf zu achten, daß sie z. B. beim Halten auch ruhig stehen lernen. Der Anfang zum Steigen ist gemacht, wenn diese Pferde sich weigern, stillzustehen. Wenn das Belasten im Rücken noch möglich ist, dann kann vermehrtes Einsitzen mit gleichzeitigem kräftigen (!) beidseitigen Sporeneinsatz Erfolg haben. Den kräftigen Sporenstichen – während die Vorhand sich nicht auf dem Boden befindet – kann sich das Pferd nicht entziehen, es muß die Strafe aushalten. Sollte das Pferd dennoch dabei vorwärtsspringen, darf es keinesfalls durch einen, wenn auch unbeabsichtigten Ruck im Maul bestraft werden. Also weg mit den Zügeln! Die Verwendung der Gerte ist wenig zweckmäßig, schon gar nicht der Schlag auf den Kopf, was man manchmal zu sehen bekommt.

Kommt es aber nun einmal zum Steigen, dann setzen Sie beherzt die Schenkel ein. Sitzen Sie mit dem Oberkörper nicht hinter der Senkrechten, sondern versuchen Sie, vor die Senkrechte zu kommen; ; je höher das Pferd steigt, um so mehr sollten Sie sich auf den Hals legen, Ihr Gewicht wird bereits Einfluß auf die Balance Ihres Pferdes haben. Sie dürfen sich ruhig, mit einer Hand den Hals des Pferdes umfassend, festhalten. Die andere Hand zieht den Hals des Pferdes am Zügel zur Seite. Nie rückwärts ziehen, sondern zur Seite, so weit Sie können! Je mehr Sie den Hals zur Seite ziehen, um so weniger wird Ihr Pferd gerade hochsteigen können. Der Hals ist die Balancestange; das Pferd muß unweigerlich wieder auf die Vorhand kommen und mit den Vorderfüßen den Boden berühren. Kommt es jedoch in der Hitze des Kampfes beim Steigen eventuell zum Überschlagen des Pferdes, dann muß der Reiter die Bügel auslassen und sich seitwärts aus dem Sattel weggleiten lassen. Ein Pferd wird sich nie freiwillig überschlagen, sondern es hat in seiner widersetzlichen Stimmung lediglich das Gefühl für das Maß seiner Balance verloren.

Wenn das Pferd auf den Boden zu liegen kommt, gibt es eine zwar nicht sehr schöne, aber drastische Maßnahme: Den Kopf des Pferdes auf dem Boden

Steigendes Pferd. Der *linke Reiter* sitzt richtig mit vorgeneigtem Oberkörper, er gibt die Zügel völlig hin und verhindert damit, daß das Pferd sich überschlagen kann. Der *rechte Reiter* hingegen hängt dem Pferd in den Zügeln und provoziert ein Überschlagen, er sitzt nicht mehr im Sattel, die Schenkel liegen nicht mehr am Pferdeleib, um im richtigen Augenblick mit treibendem oder strafendem Sporenstich zu reagieren.

festhalten und ein paar kräftige Hiebe auf die Hinterhand geben! Bei derart offenbarem und starkem Ungehorsam hat die Strafe sofort zu erfolgen, nämlich dann, wenn das Pferd auf dem Boden liegt, und nicht, wenn es wieder aufgestanden ist. Bei dieser Gelegenheit ist es nötig, darauf hinzuweisen, daß das Pferd im Allgemeinen ein sehr feines Gefühl dafür hat, wenn einem Ungehorsam die Strafe nicht unmittelbar auf dem Fuße folgt. Es erkennt sofort die Inkonsequenz oder Unsicherheit des Menschen. Außerdem ist es aus psychologischer Erwägung notwendig, sofort zu strafen. Das Pferd denkt ja nicht so: Jetzt haut er mich, weil »er« böse ist darüber, daß ich mich beim Steigen überschlagen habe. Es empfindet vielmehr: Ich habe mich überschlagen und habe Prügel bekommen, also will ich nicht mehr steigen.
Zu Beginn dieses Abschnitts wurde bereits gesagt, daß sich ein steigendes Pferd den vorwärts treibenden Hilfen des Reiters entzieht. Es wurde auch gesagt, daß man bei einem steigenden Pferd versuchen soll, das Pferd mit energischem Schenkel vorwärtszubringen. In diesem Punkt hat die Redressur einzusetzen, das Pferd muß wieder an die treibenden Hilfen kommen. Mit anderen Worten: Die Grundausbildung muß von vorn beginnen. Das Hunderttausende von Malen ausgeführte Kommando der Schenkel »Vorwärts« muß dem Pferd zum Selbstverständnis werden, es *muß* gehorchen. Das dem Schenkel vorwärts, seitwärts und rückwärts nachgebende Pferd verliert das Bewußtsein, sich wehren zu können, und damit auch die Lust zu diesem Versuch. Nicht der Schenkel des Reiters hat die physische Gewalt über das Pferd, wie es etwa ein Flaschenzug haben könnte; vielmehr muß durch ständiges Üben und fortlaufend ausgeführte Befehle diese Einwirkung zur Gewohnheit werden und sich somit der Gehorsam wie von selbst einstellen.

Jedes Gehorchen auf den ausgeführten Befehl ist aber auch zu loben, sofort zu loben. Das Pferd muß das Zwangsgefühl durch Freude auf das Lob, auf die kleine Nascherei, ersetzen. Jede Belohnung seiner Leistung, folgerichtig durchgeführt, verknüpft das Pferd sehr bald mit der Vorstellung: Leistung ist Lohn. Die dem Lohn anhaftenden Lustgefühle (Nascherei, Streicheln) werden auf den Impuls zur Leistung übertragen.

Es sind die klugen und eigenwilligen Pferde, die sehr bald herausbekommen, daß sie sich durch Vermindern des Vorwärtsdranges der Einwirkung des Reiters entziehen können. Sie bleiben stehen und beginnen zu steigen. Kein gutes Zeugnis für den Ausbilder! Hilfreich kann das Führen am Backenstück (!) durch einen Helfer sein – auch das Führen mit Hilfszügel am Kappzaum –, gegebenenfalls durch einen zweiten hinter dem Pferd mit Peitsche, ohne zu schlagen, es sei denn, das Pferd beginnt zu steigen; dann ist die härtere Strafe ebenso angebracht wie der entschiedene Einsatz des Helfers, der das Pferd vom Boden aus führt. Ein gestelltes oder gebogenes und vorwärtsgehendes Pferd kann nicht steigen. Sowohl Reiter als Helfer müssen durch Seitwärtsziehen verhindern, daß das Pferd den Kopf gerade oder nach oben nimmt, und beide müssen es gleichzeitig vorwärtstreiben. Kommt es jedoch zur Lancade, dann nicht im Maul reißen, sondern den Vorwärtsimpuls dazu verwenden, das Pferd bedingungslos nach vorn zu reiten! Nach all dieser Aufregung sollten Sie das Loben nicht vergessen. Wenn dem Pferd eine Lektion erteilt wurde, hat Ruhe einzutreten. Das Pferd soll seine Arbeit lieben. Seien Sie großzügig mit Belohnungen und kleinen Naschereien. Es ist zumeist nicht schwierig, ein Pferd dahin zu bekommen, daß es Dinge tut, die es normalerweise nicht freiwillig tut. Wichtig ist, daß Sie bei erbrachter Leistung sofort eine kurze Pause machen, die Zügel hingeben oder gar absitzen, den Sattelgurt lockern oder noch besser absatteln, abzäumen und Ihr Pferd grasen lassen.

Mitunter lohnt sich auch der Versuch, einen anderen – guten – Reiter zu bitten, das Pferd zu reiten, denn es kann sein, daß das Pferd bei diesem Reiter entweder gar nicht steigt oder es nach dem ersten Versuch wieder läßt. Manchmal genügt bereits das bloße Denken eines Reiters an die Untugend des Steigens, und sofort wird sie vollzogen. Der Gedanke des Reiters hat zur Folge, daß er unbewußt Muskelgruppen anspannt; das Pferd spürt diese Anspannung und reagiert entsprechend darauf. Es ist bekannt, daß Pferde geringste Bewegungen und Regungen spüren können, ja daß bereits Geruchsveränderungen (z. B. Angstschweiß) von ihnen registriert werden.

Hier noch zwei Worte von bekannten Hippologen. FILLIS: »Früher oder später kommt es aber in jeder Dressur zum Kampfe; solange sich ein Pferd nicht widersetzt hat, ist seine Abrichtung nicht vollendet.« Und LE BON: »Solange kein Kampf stattgefunden hat, kann sich das Pferd von der Überlegenheit seines Reiters nicht überzeugt haben.«

Kleben

Auch beim Kleben entzieht sich das Pferd den treibenden Hilfen des Menschen, es geht nicht von anderen Pferden weg, es »klebt«. Das Sich-Widersetzen beim Gehen aus dem Stall und von ihm weg sowie das Nicht-in-den-Parcours-hineingehen-Wollen gehört ebenfalls in diese Rubrik. Zumeist zählt man auch das Verweigern des ersten Sprungs im Parcours dazu. Das Kleben wird in Zusammenhang mit dem Herdentrieb gebracht, jedoch ist seine Ursache nicht allein der übersteigerte Herdentrieb (denn den hat jedes Pferd), sondern »die Angst vor zu erwartenden unangenehmen Erlebnissen« (BLENDINGER). Kleben kann übrigens anstecken!

Bei Gefahr schließen sich Pferde zusammen; wenn ein Pferd Angst hat, läuft es nicht von den anderen weg, sondern zu ihnen hin. Pferde, die kleben, dürfen also nicht von den anderen weggeprügelt werden, sondern sie müssen dafür gelobt werden, wenn sie weggegangen sind. Auch hier muß die Gedankenverbindung geschaffen werden: Wenn ich weggegangen bin, bekomme ich etwas. Es ist empfehlenswert, viel allein zu reiten, im Gelände wie in der Halle. Lieber Einzelreiten, kein Abteilungsreiten! Wenn Sie in der Abteilung reiten müssen, dann sollten Sie an verschiedenen Plätzen der Abteilung reiten, sie überholen, von hinten aufschließen und gegen die Abteilung reiten. Eine gute Übung ist es, aus der in Linie aufmarschierten Abteilung herauszureiten. Da beim Abteilungsreiten immer ein Reitlehrer anwesend zu sein pflegt, sollte er ein klebendes Pferd zunächst herausführen; durch häufige Wiederholung der Übung, verbunden mit Lob, wird das Pferd allmählich diese Unart unterlassen.

Im Gelände sollte – wenn gemeinschaftlich ausgeritten wird – das klebende Pferd ebenfalls mal am Ende, mal an der Spitze der Gruppe geritten werden; mal sollte die Abteilung zurückbleiben, mal das Pferd. Es gibt viele Möglichkeiten der Variation, und man sollte bewußt variieren, um dem Pferd die Angst zu nehmen, von der »Herde« wegzumüssen. Auf Turnierplätzen sieht man des öfteren folgendes Bild: In einer Springkonkurrenz verläßt ein Teilnehmer den Parcours. Der nächste Reiter gelangt – vielleicht – gerade bis zur Schranke, und dann ist es aus, d. h., es setzt ein Kampf ein zwischen Pferd und Reiter. Der Reiter möchte gern auf den Springplatz, das Pferd weigert sich hartnäckig, der Pferdepfleger ist zur Stelle, er führt das Pferd, das sich aber weigert, auch nur einen Zentimeter weiter zu gehen als bis zur Schranke. Auf

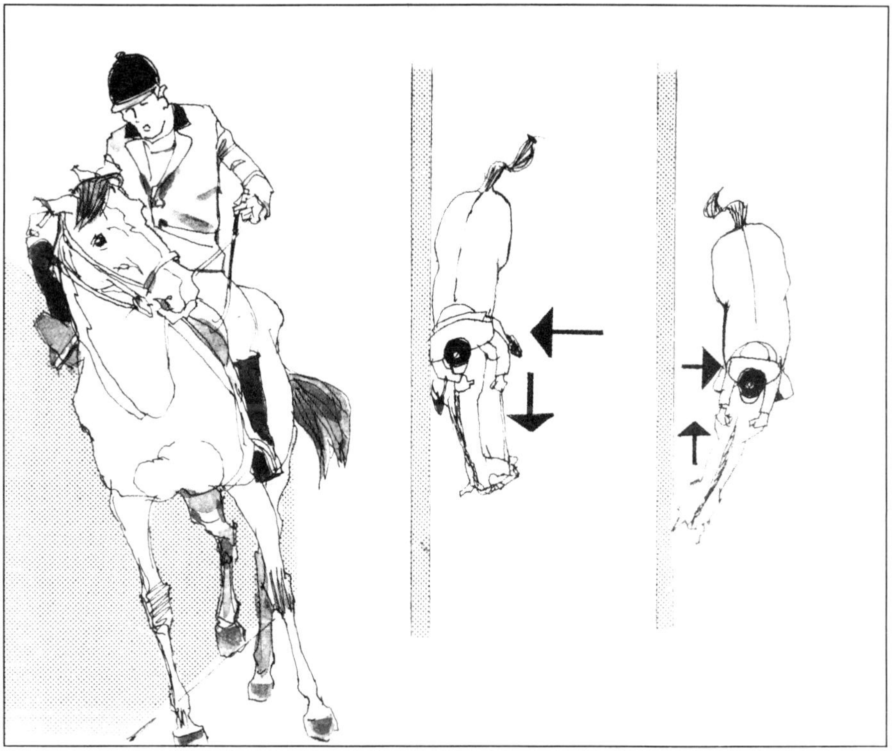

Ein Pferd, das den Reiter an die Wand zu drücken versucht (*links*), soll der Reiter nicht durch Ziehen am inneren Zügel wegziehen (wollen), er wird dabei konsequenterweise mit dem äußeren Schenkel noch mehr an die Wand gedrückt (*Mitte*). Vielmehr soll der Reiter sein Pferd außen hohl machen – gewissermaßen in Konterstellung bringen – und mit dem äußeren Schenkel den Gehorsam erreichen (*rechts*).

den Platz darf das Pferd nicht geführt werden – »fremde Hilfe« laut LPO! Was ist zu tun? Rückwärts hinein geht das Pferd auch nicht. Manchmal sind die Richter gnädig und geben ausnahmsweise die Erlaubnis, das widerstrebende Pferd hineinführen zu lassen; das geht aber nicht immer. Letztlich ist das gleichbedeutend mit einem Kleben, denn das Pferd weigert sich, von seiner Herde wegzugehen. Es hat einfach Angst vor dem, was kommt. Eventuell hilft in einer solchen Situation ein Hieb – keinesfalls jedoch Prügel! In jedem Fall ist das Vertrauen hin – und das gilt es wiederzugewinnen.
Die ähnliche Widersetzlichkeit zeigt sich bei Pferden, die sich beispielsweise im Gelände weigern vorwärtszugehen und sich dem Reiter durch Rückwärtsgehen entziehen. Wenn nichts mehr hilft, z. B. wenn Sie allein unterwegs sind, dann wenden Sie Ihr Pferd und reiten Sie den Weg, den Sie reiten wollen, rückwärts bis zur Ermüdung.

Zum Schluß dieses Kapitels will ich auf eine weitere Unart zu sprechen kommen, die wohl im wahrsten Sinne des Wortes etwas mit »Kleben« zu tun hat, wenn auch nur bedingt mit dem richtigen Kleben: dem Versuch des Pferdes, seinen Reiter abzustreifen oder an die Wand zu »kleben« – einer Unart, die an Bösartigkeit grenzt und mit Sicherheit die Folge unliebsamer Erfahrungen ist. Wir wollen hier nicht untersuchen, wie es dazu kommen konnte, denn die Gründe hierfür können vielfältig sein. Wenn aber ein Pferd so weit ist und seinen Reiter abzustreifen versucht, dann wollen wir uns die Maßnaßmen vor Augen führen, die wir ergreifen müssen, um aus dieser Bedrängnis wieder herauszukommen. Dem Pferd gelang es, sich der Hilfen, besonders denen eines Schenkels, zu entziehen, nämlich des Schenkels jener Seite, an der uns das Pferd abstreifen will. Wir müssen also mit diesem Schenkel wieder durchkommen. Völlig falsch wäre es jetzt, mit dem entgegengesetzten Zügel das Pferd wegziehen zu wollen: Wir würden die Seite des außer Wirkung gesetzten Schenkels noch konvexer machen und dem Pferd noch mehr die Möglichkeit bieten, sich und uns an die Wand zu drücken. Daher müssen wir das Gegenteil tun und die bedrängte Seite hohl machen, also das Pferd mit dem Kopf zur Wand in Stellung nehmen, vermehrt auf dem Gesäßknochen dieser Seite sitzen (ja nicht dort einknicken!) und das Pferd um die Vorhand von der Wand wegbringen.

Bocken

Es ist zu unterscheiden zwischen dem Buckeln eines Pferdes aus Mangel an Bewegung und dem Bocken eines widersetzlichen Pferdes. Sigmund Freud erkannte, daß »die Unterdrückung naturgegebener Triebtätigkeit zu Erkrankungen neurotischer Art, zu sogenannten Verdrängungsverirrungen, verbunden mit körperlichen oder seelischen Störungen, führen kann«. Dem Pferd ist die Bewegung ein ursprüngliches, notwendiges Lebenselement, so daß allein schon aus diesem Grund eine Einschränkung unnatürlich ist. Außerdem hat das Pferd einen ausgeprägten Spieltrieb, der sich auch bei erwachsenen Pferden (also nicht allein bei jungen Tieren) auf der Koppel beobachten läßt, sobald sie die Möglichkeit haben, sich einmal zwanglos zu benehmen. Jeder Pferdefreund kennt Szenen mit herumtollenden Pferden, die sich mitunter in wahrhaft akrobatischen Sätzen mit allen vier Beinen senkrecht in die Luft katapultieren oder nach der Seite ausschlagen, um plötzlich mit lautem Getöse irgendwohin zu starten.

Wenn also ein Pferd (besonders beim ersten Galopp eines Ausrittes) ein paar übermütige Bocksprünge macht, so sollte man es nicht dafür bestrafen, sondern sich darüber freuen, ein lebensfrohes Pferd unter sich zu haben. Sehr oft ist dieses erste Buckeln z. B. auch bei Beginn einer Jagd zu beobachten. Es kann ansteckend auf andere Pferde sein. Behalten Sie Abstand nach vorn und nach den Seiten, damit Ihr Nachbar oder Hintermann keinen Schlag abbekommt. Halten Sie festen Knieschluß, ohne mit dem Unterschenkel zu klemmen oder (noch schlimmer) mit den Sporen kitzelnd noch zu weiteren Sprüngen anzuregen. Wenn dieses Buckeln im Galoppieren geschieht, also in der Vorwärtsbewegung, ist das für einen normal ausgebildeten Reiter kein Grund zur Panik, im Gegenteil; er wird auch Freude am Bewegungsdrang seines Pferdes haben. Nach wenigen Sprüngen hat sich das Pferd ausgetobt und wird wieder ruhig dahingaloppieren. Balancieren Sie also diese Sprünge mit fest »angeschraubten« Knien aus, das Gesäß ist im leichten Sitz ohnehin nicht im Sattel, der Oberkörper ist leicht nach vorn genommen, die Zügelfäuste stützen sich auf den Hals. Wenn der Übermut zu ungezügelt werden sollte, dürfen Sie ruhig mal einen etwas gröberen Arrêt geben – mit einer Hand, versteht sich, nach oben, nie nach unten. Sie können Ihr Pferd auch mit der Stimme beruhigen, können es aber auch mal anschreien. Ein kräftiges »Paß auf!« kann den Schlag der Gerte oder die Parade durchaus ersetzen.

Auf einem buckelnden Pferd ist es durchaus keine Schande, sich mit einer Hand im Sattelzwiesel festzuhalten und dabei das Gesäß in den Sattel zu ziehen (*links*). Der Reiter *rechts* wird vermutlich beim nächsten Sprung des Pferdes über den Hals katapultiert werden.

Der Nachahmungstrieb ist bei Pferden recht ausgeprägt, und so ist es verständlich, daß Buckeln auch »ansteckend« sein kann. Bekannt ist wohl jedem Reiter, wie gern Pferde das Trompetensignal eines Pferdes aufnehmen – ein mit Getöse ausgestoßener Furz –, um eine allgemeine Buckelei zum »Auf geht's« zu starten. Beinahe könnte man glauben, daß die Gesichter der Pferde sichtliche Zufriedenheit ausdrücken, wenn wenigstens ein Reiter dabei zu Boden gegangen und damit eine Ruhepause eingetreten ist.

Anders nun das Bocken aus Widersetzlichkeit. Wir wollen später noch zur Untersuchung der Gründe kommen, weshalb ein Pferd bocken kann; zunächst einmal wollen wir Ihnen sagen, was zu tun ist, wenn das Pferd bockt. Im Gegensatz zu dem im Galopp buckelnden Pferd hat sich das bockende Pferd den vorwärtstreibenden Hilfen entzogen. Es handelt sich also um die gleichen Kriterien wie beim Steigen. Versuchen Sie daher, Ihr Pferd vorwärts zu bekommen. Oft hilft beim ersten Anzeichen von Bocken ein kräftiger Hieb mit der Gerte. Halten Sie Ihr Pferd fest an die treibenden Hilfen. Nehmen Sie den Oberkörper zurück und bleiben Sie mit dem Gesäß im Sattel, sitzen Sie jeden Bocksprung aus. Ganz falsch wäre es, den Oberkörper nach vorn zu nehmen, denn der nächste Sprung dürfte Sie mit größter Wahrscheinlichkeit über den Hals des Pferdes in die Luft befördern. Halten Sie sich nicht an den Zügeln fest! Es ist keine Schande, sich mit einer Hand im Vorderzwiesel festzuhalten, um das Gesäß im Sattel halten zu können. Auch der Aufhängeriemen am Sattel kann benutzt werden oder eine Handvoll Mähnenhaare. Die Zügel sollen Sie natürlich nicht wegwerfen, sondern darauf achten, daß Ihr Pferd nicht den Kopf zwischen die Beine nimmt, denn damit macht es Sie völlig hilflos. Mit erhobenem oder seitwärts weggezogenem Kopf kann ein Pferd weder bocken noch den Rücken nach oben wölben, ebensowenig wenn es energisch im Vorwärts gehalten wird. Günstig ist es, wenn man auf den ersten Versuch des Pferdes, zu bocken, vorbereitet ist. Dann heißt es: Knie zu, kräftiger »Insterburger« nach oben, Hieb auf die Schulter, damit es nicht zum Auskeilen kommt (denn auch das ist ein Bestandteil des Bockens), und eventuell anschreien; alles zusammen spontan und schnell ausgeführt, kann weitere Bocksprünge verhindern.

Man sollte das übermütige Buckeln nicht zur Gewohnheit werden lassen, so schön es auch ist, ein munteres Pferd zu reiten. Wenn also der erste Galoppsprung auf weichem Boden zum Anlaß genommen wird, sich fröhlich zu gebärden und seinen Stallmut abzulassen, dann sollte man von vornherein die oben angeführten Maßnahmen ergreifen. Ein kleiner Klaps auf die Schulter, ein kleiner Arrêt, je nach Empfindlichkeit, und der Gehorsam ist gewahrt. Es gibt Pferde, die sich das Buckeln sehr schnell angewöhnen können, wenn man ihnen nicht von vornherein zu verstehen gibt, daß es nicht sein darf. Manche Pferde werden es bei schwachen Reitern immer wieder probieren, und erst recht, wenn sie erst einmal Erfolg gehabt haben und sich ihres Reiters entledigen konnten.

Die Ursachen des Bockens können auch in Schmerzen zu suchen sein, welche das Pferd verspürt. Pferde, die unter Sattelzwang leiden, können ebenfalls versuchen, sich durch das Bocken Luft zu verschaffen. Außer mit den zum Thema »Sattelzwang« auf S. 63 aufgezählten Vorsichtsmaßnahmen sollten solche Pferde behutsam behandelt werden. Strafen sind nicht angebracht. Ablongieren mit mäßig angezogenem Sattelgurt, um dem Pferd den Zwang zu nehmen, ist eine gute Möglichkeit; auch lange Schrittreprisen mit ebenfalls mäßig angezogenem Gurt haben sich bewährt. Dem Pferd ist dabei möglichst viel Zügelfreiheit zu geben, damit es sich nicht beengt zu fühlen braucht. Es ist angebracht, erst allmählich in den Trab zu gehen, nachdem ebenso allmählich der Gurt angezogen worden ist.

Zu bemerken wäre in diesem Zusammenhang noch das absichtlich erzeugte Bocken eines Rodeo-Pferdes. Diese Pferde werden zum Bocken gebracht, indem um den Leib hinter dem Rippenbogen ein Riemen fest angezogen wird. Dieser Riemen ist dem Pferd im leichten Fall unbehaglich, im schweren Fall

Einem bockenden Pferd wird das Bocken unmöglich gemacht, wenn es gelingt, den Kopf des Pferdes hochzubringen.

hat das Pferd Schmerzen. Sobald der Riemen gelöst wird, hört auch prompt das Bocken auf. Der Ruf nach dem Tierschutzgesetz dürfte – glaube ich – zumindest überlegenswert sein.
Es gibt Pferde, die am Rücken außergewöhnlich empfindlich sind und bei der leisesten Berührung zumindest mit der Hinterhand in die Luft gehen. Mitunter genügt die Berührung des Rückens mit einem Kleidungsstück, um das Pferd zum Buckeln zu bringen. Die Abhilfe davon ergibt sich von selbst. Sollte keine Berührung die Ursache für diese Reaktion sein, so sind Sattel und Sattelunterlage einer genauen Inspektion zu unterziehen. Aber auch der Rücken des Pferdes könnte in der Sattellage irgendeine Anomalie haben: Talkpusteln, Satteldruck durch schlechtliegende Sättel oder Satteldecken, Falten in den Sattelunterlagen, reibende, durch Schweiß hart gewordene Filze, verdrehte, quetschende Gurte usw. Für einen guten Reiter ist es ohnehin selbstverständlich, daß er sich nach jedem Ritt davon überzeugt, daß dem Pferd nicht allein an den Beinen, sondern auch in der Sattellage keine Verletzung zugefügt worden ist. Schlechtsitzende Sättel, die sowohl am Widerrist wie auch an den Trachten drücken und reiben können, sind nicht selten die Ursache von Schwierigkeiten, die sich beim Reiten ergeben können.

Dann gibt es Pferde, die außerordentlich kitzlig unter dem Bauch sind. Wenn einem solchen Pferd z. B. beim Galoppieren im Schnee die Schneeballen unter den Bauch spritzen, kann es zu spektakulären Bocksprüngen kommen. Strafen nutzen in diesem Fall nichts, denn mit ihnen beseitigt man nicht die Kitzligkeit, für die das Pferd nichts kann.

Kopper können ebenfalls zum Bocken neigen, nämlich dann, wenn ihnen die angesammelte Luft Schwierigkeiten bereitet. Stellt man sie sofort zusammen, kann es zu Widersetzlichkeiten, zum Bocken kommen. Man sollte solche Pferde möglichst auf geraden Linien reiten, also keine engen Zirkel oder Volten ausführen, überhaupt ein Biegen vermeiden.

Auch sexuell anomal veranlagte Pferde können mitunter zu Widersetzlichkeiten neigen. Dazu zählen die Kryptorchiden (Klopp- oder Spitzhengste), die infolge ihrer rudimentär ausgebildeten Männlichkeit oft hinterlistig, boshaft und ausgesprochen aggressiv werden können. In einem solchen Fall ist eine Operation wohl die vernünftigste Maßnahme, zumal übertriebene Hengstmanieren im Stall und auch im Reitbetrieb ohnehin ausreichende Möglichkeit für Schwierigkeiten bieten.

Aber auch nymphomane Stuten, die oft durch ständige sexuelle Erregung zur Überreiztheit neigen, können zu Schwierigkeiten Anlaß bieten. Sie sind kitzlig sowie unberechenbar und in ihrer Unberechenbarkeit keiner vernünftigen Arbeit und Behandlung fähig bzw. zugänglich. Auch in solchen Fällen sollte der Tierarzt zu Rate gezogen werden, denn ebenso wie bei den Kryptorchiden ist eine Behandlung der Stuten (Ovariektomie) möglich. Zu unterscheiden ist diese krankhafte Erregbarkeit von der normal verlaufenden Rosse der Stute, die mit ihren Symptomen wohl allgemein bekannt ist. Auch während der Rosse können sich nervöse Erregung, häufiges Wiehern, Unruhe, Appetitverstimmung, vermehrte Wasseraufnahme, erhöhte Reizbarkeit, übertriebene Lebhaftigkeit und Kitzligkeit zeigen, aber ebenso kann das Gegenteil der Fall sein: Apathie, Dickfälligkeit und Widersetzlichkeit. Diese Zustände sind individuell verschieden und in der Arbeit einkalkulierbar, denn sie haben ihren normalen Verlauf und bringen außer der Notwendigkeit, darauf Rücksicht nehmen zu müssen, keine weiteren Schwierigkeiten.

Pullen, Durchgehen

An den Beginn dieses Kapitels möchte ich den Ausspruch eines Reiters setzen, dessen Pferde bekannterweise feinfühlig geritten waren, kaum auf die Hand gingen und nie pullten. Dieser Mann, General Graf Pejachevich, hatte nur einen Arm. Er war ein ausgezeichneter Reiter und wurde einmal gefragt, wie es komme, daß ihm nie ein Pferd durchgehe. Er antwortete ebenso lapidar wie feinsinnig: »Weil ich es nicht halten kann!« Ein Reiter mit grober Hand wird das volle Gewicht von Kopf und Hals des Pferdes zu spüren haben, eine milde Hand findet nur milde Gegenwehr.

Von »Pullen« spricht man, wenn ein galoppierendes Pferd im Gelände in der Hand des Reiters »sein fünftes Bein« sucht. Es geht stark auf die Hand, oft als Folge eines heftigen Temperaments, starker Handeinwirkungen des Reiters oder auch einer schwachen Hinterhand – eine unangenehme Eigenschaft, besonders im Jagdfeld.

Die richtige Ausbildung des Pferdes ist die einzige Rückversicherung für den Reiter, daß es nicht zu dieser Unart kommen kann. Bereits das Davonlaufen beim Aufsitzen ist ein Durchgehen, denn ein Pferd, dem dies gestattet wird, wird im Galopp nicht den geringsten Respekt vor den verhaltenden Hilfen seines Reiters haben. Versteht er es nicht, wenigstens beim Aufsitzen sein Pferd in der Hand zu haben, wird er es auch nicht vermögen, wenn sein Pferd in Bewegung kommt.

Schwierig wird diese Untugend bei Pferden mit ausgesprochenen Temperamentsfehlern. Interessanterweise kann es aber auch da passieren, daß ein Pferd bei einem Reiter pullt und bei einem anderen nicht. So hart es klingt: Man sollte sich von einem Pferd trennen, wenn der Fehler im durch den Reiter nicht zu bewältigenden Temperament liegt.

Auf die richtige Ausbildung des Pferdes wurde im Zusammenhang mit Unarten des Pferdes im Rahmen dieses Buchs schon öfter hingewiesen. Es würde wohl zu weit gehen, auf die fundamentalen Regeln einer möglichst fehlerlosen Ausbildung eines Pferdes – und Reiters – einzugehen. Einige wichtige Punkte sollen indessen doch festgehalten werden. Davon ausgehend, daß wir ein Pferd vor uns haben, das mit keinen allzu gravierenden Gebäudefehlern behaftet ist, die es ihm schwer möglich machen, im notwendigen Gleichgewicht zu gehen, wollen wir uns als ersten und bedeutenden Hinweis folgendes merken: Es ist absolut unsinnig, einem Pferd, je mehr es auf die

1 Mexikanisches Reithalfter
2 Englisches Reithalfter
3 Gummitrense
4 Gebrochene Gummitrense

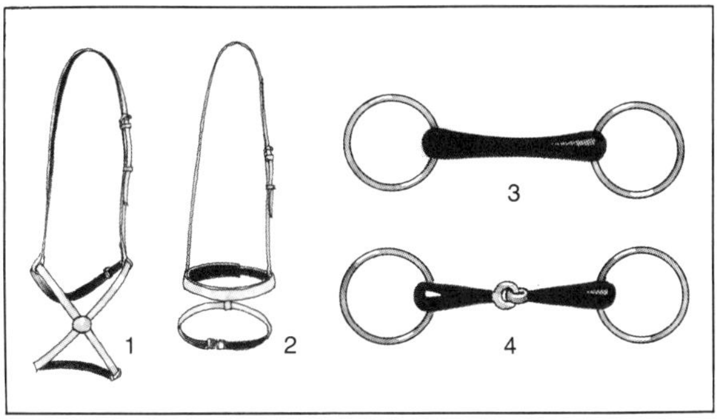

Hand geht und zum Pullen neigt, ein um so schärferes Gebiß in das Maul zu legen. Man würde das Übel nur noch verschlimmern. Je schärfer das Gebiß wird, um so stumpfer wird Ihr Pferd im Maul. Je unempfindlicher das Pferd im Maul wird, um so weniger wird die schärfste Kandare mit längsten Unterbäumen, mit der größten Zungenfreiheit, mit der scharf geschnallten Kinnkette zum Schluß helfen. Am Ende ist das Pferd »tot im Maul«. Selbst die größten Verletzungen, die man einem solchen armen Pferd zugefügt hat, werden es nicht hindern, dem Reiter die Hand zu nehmen und letztlich durchzugehen, der gesteigerten Form des Pullens. Pferde mit empfindlichen Kiefern entdekken manchmal, daß sie den Schmerzen, die ihnen durch die Reiterhand zugefügt werden, eher entgehen können, wenn sie sich im Gebiß verbeißen, das Gebiß festhalten und damit dem Reiter »die Hand nehmen« (s. S. 108).
Um zunächst beim Gebiß zu bleiben: Belassen Sie es bei der dicksten Wassertrense; vielleicht sollten Sie sogar eine Gummitrense einlegen, und zwar eine mit Gelenk, keine Stange also. Schnallen Sie sie etwas höher als normal. Probieren Sie verschiedene weiche Gebisse aus. Es hat aber auch Beispiele gegeben, daß jedes Gebiß vom Pferd abgelehnt und eine gute Lösung im Hackamore gefunden wurde. Allerdings bedeutet das eine völlige Umstellung, aber der Versuch lohnt sich. Bei der normalen Wassertrense lohnt es sich auch zu untersuchen, ob das Reithalfter (hannoversches Reithalfter) nicht zu tief geschnallt ist, damit auf die Nüstern drückt und so die Atmung behindert. Die Behinderung in der Atmung kann ein Pferd durchaus in Panikstimmung versetzen, zumal es gar nicht so schwierig ist, einem Pferd den Atem durch Einschnüren der weichen und empfindsamen Knorpelteile zu nehmen. Man sollte in einem solchen Fall auch den Versuch unternehmen, ein englisches Reithalfter, und gegebenenfalls einen Pullriemen, einzuschnallen. Das englische Reithalfter behindert weniger die Atmung, und der Pullriemen gibt dem Pferd weniger Gelegenheit, das Maul aufzusperren und sich somit den verhaltenden Zügelhilfen zu entziehen. Auch das mexikanische Kreuzhalfter verschafft ähnliche Voraussetzungen.

Der *linke Reiter* sitzt auf dem durchgehenden Pferd mit in den Bügeln gestemmten Unterschenkeln falsch; er zieht mit hoher Hand bei zu kurz eingeschnalltem Martingal, statt zu versuchen, sein Pferd von der Hand wegzubekommen. Der *rechte Reiter* dagegen bringt sein heftiges Pferd im richtigen leichten Sitz bei geschlossenen Schenkeln und tiefer Hand zum Nachgeben.

Wenn ein Pferd nun einmal am Durchgehen ist, ist es grundfalsch, mit zurückgenommenem Oberkörper und den Beinen nach vorn in die Bügel gestemmt in den Zügeln zu hängen. Ein solches Pferd hat sich jeder Einwirkung entzogen. Sollte das Durchgehen durch die kräftigen Zügelanzüge nicht zu verhindern sein, weil die Spannung zwischen Reiter und Pferd nur noch erhöht würde, dann müssen Sie den Mut haben, Ihr durchgehendes Pferd eventuell durch kräftige Sporenstiche noch mehr nach vorwärts zu treiben – bei nahezu hingegebenen Zügeln versteht sich –, um es dadurch wieder an die Hilfen zu bekommen. Auch das extreme Hochnehmen des Kopfes kann das Wegstürmen sowohl im Ansatz verhindern als auch das Pferd wieder an die

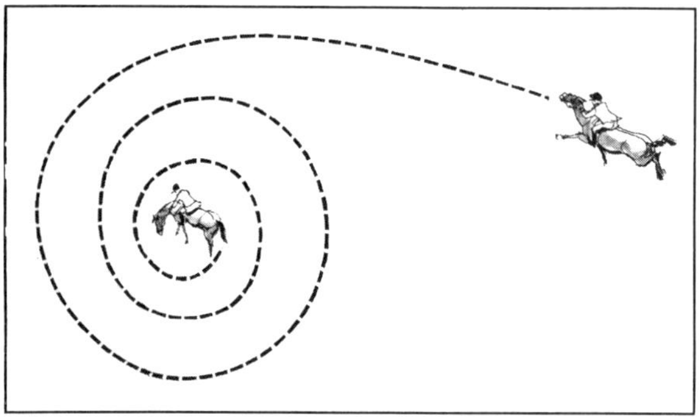

Ein im Gelände außer Kontrolle geratenes Pferd sollte man in einer spiralförmigen Linie zum Halten bringen.

Im Kanter soll der Reiter im leichten Sitz mit leicht angezogenem Kreuz entlastend den Pferderücken schwingen lassen. Die Hände liegen auf dem Mähnenkamm mit nachgebender Tendenz. Die Unterschenkel sollen leicht, aber bestimmt am Pferdeleib anliegen. Der Galoppsprung soll raumgreifend sein. Ein vorn zusammengezogenes und von hinten nicht getriebenes Pferd wird zu keinem raumgreifenden Galopp fähig sein.

Hilfen bringen, verbunden natürlich mit energischem Einsitzen. Eine weitere Möglichkeit besteht darin, ein durchgehendes Pferd durch Seitwärtsbiegen des Halses auf eine zunächst sanfte Bogenlinie zu bringen, die immer enger werdend das Pferd schließlich auf engem Zirkel zum Halten bringt. Die seitwärts abbiegende Hand, zumeist wohl die linke, soll möglichst tief geführt werden, während die andere Hand mit möglichst kurzem Zügelmaß auf den Hals aufgestützt wird. Die meisten Pferde sind von Natur aus in gewissem Sinne schief; sie neigen zu einer falschen Rechtsbiegung, legen sich infolgedessen zumeist gegen den linken Zügel und wollen den rechten Zügel nicht annehmen. Die vorherrschende linke Hohlbiegung nutzen wir, um das Pferd leichter auf *die Seite* zu wenden, die es anbietet. Die meisten Pferde sind rechtsfüßig geboren, d. h. also von Natur aus links gebogen. Ihre rechte Seite ist, von Ausnahmen abgesehen, steifer.

Ein in Panik durchgehendes Pferd stürmt in den meisten Fällen mit erhobenem Kopf und weggedrücktem Rücken davon. Der Reiter sollte also versuchen, den Kopf des Pferdes nach unten zu kriegen; abgesehen von dem oben geschilderten Extremfall kann es helfen, mit beiden Fäusten in die Höhe des Pferdemauls zu gehen, analog der bekannten Regel: Je höher das Pferdemaul, desto höher die Hand des Reiters, und umgekehrt: Je tiefer das Pferdemaul, desto tiefer die Hand des Reiters. Versuchen Sie auch, dem Problem durch eine tiefer geschnallte Trense beizukommen.

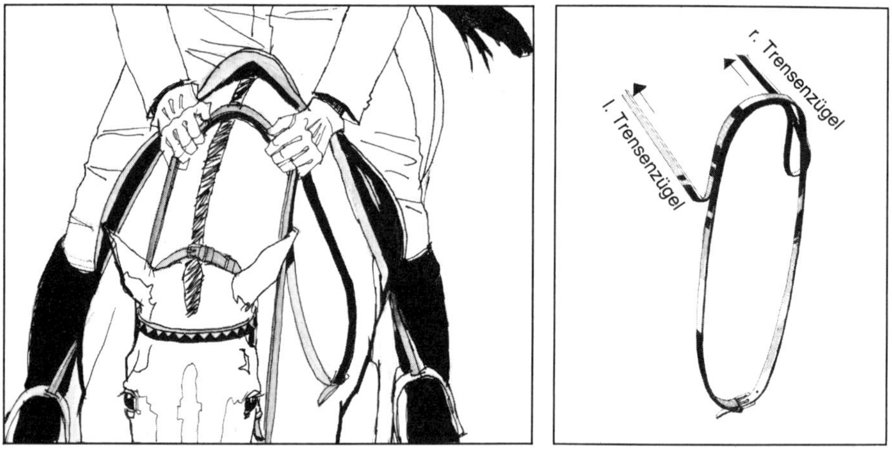

Die »Brücke« ist ein gutes Mittel, die Zügelfäuste des Reiters zu fixieren und ihnen gleichzeitig einen festen Halt zu bieten. Außerdem wirken die Zügelfäuste auf dem Widerrist beruhigend.

Besonders Pferde mit Gebäudefehlern, tief angesetztem Hirschhals, schwachem Rücken oder Senkrücken tendieren zu dieser Art des Durchgehens. Die andere Art, nämlich daß das Pferd sich auf die Hand legt und mit tiefem Kopf davonstürmt, indem es sich auf das Gebiß festgebissen hat, ist entsprechend durch tiefe Hand mit einem kräftigen Riß nach oben regulierbar, bzw. auch durch die oben geschilderte Seitwärtsführung.

Abgesehen von der Korrektur des Pferdes in reiterlicher Sicht sollte man folgende Übungen in die Redressage einbeziehen: Galoppieren auf einer großen Wiese im normalen Kanter (s. Abb. auf Seite 107) auf einem zunächst normalen Zirkel mit allmählicher Vergrößerung des Zirkels, auf beiden Händen. Zulegen zum Mittel- und starken Galopp und zurücknehmen zum Kanter. Alles im leichten Sitz. Viel beruhigendes Reden, Loben und Klopfen. Das Pferd muß völlig losgelassen auch einen Speed einlegen, ohne sich aufzuregen. Die Hände sollten vollkommen ruhig auf dem Halskamm liegen und bei den halben Paraden, beim Zurücknehmen des Tempos nicht mehr als den notwendigen Druck ausüben. Keinesfalls dürfen die Hände eine nach rückwärts wirkende Tendenz haben. Lassen Sie auf keinen Fall mehr Tempo zu, als Sie beabsichtigen.

Eine beruhigende Wirkung hat auch die »Brücke«, die man mit den Zügeln über dem Widerrist bilden kann, indem der linke Zügel nach rechts und der rechte nach links über den Widerrist gelegt wird, so daß jede Hand zwei Zügel (in der üblichen Zügelführung) hat. Beide gleich hoch liegenden Fäuste haben dabei einen ruhigen, festen Halt und sichern eine ruhige, nicht nach rückwärts wirkende Zügelführung. Beide Hände geben über dem Mähnenkamm in

Richtung Pferdemaul nach, sobald der Reiter spürt, daß sich das Pferd am Gebiß abzustoßen beginnt. Und gewöhnen Sie – auch im Sinne der richtig angebrachten Hilfen – Ihr Pferd daran, daß die verhaltenden Hilfen nicht allein von den Zügelhilfen ausgehen, sondern daß ein etwas zurückgenommener Schenkel der Verwahrende ist.
Der Schenkel hat, am Pferdeleib anliegend, ohne zu klemmen, einen bedeutenden Einfluß auf die Regulierung des Tempos, und das Pferd muß lernen, den Schenkel zu respektieren. Galoppieren Sie, wenn Sie auf eine Wiese, einen Acker usw. kommen, nie stürmend an. Lassen Sie überhaupt kein übersteigertes Tempo zu, auch dann, wenn rings um Sie herum die Reiter davonspritzen; versuchen Sie sogar, im Schritt oder Trab zu reiten, und galoppieren Sie nach Möglichkeit in Richtung auf einen Wald, so daß das Pferd den Wald als Bremse vor sich hat und keine freie Fläche. Wichtig sind auch kurze Galopps, die dem Pferd die Möglichkeit zu großem Tempo nehmen. Das Ganze muß schulmäßig geschehen. Ihr Pferd darf in keinem Fall über die normale Anlehnung hinaus sich auf den Zügel lümmeln, auch nur der Ansatz dazu darf überhaupt nicht aufkommen.

Ein pullendes Pferd ist mit abgespreizten Unterschenkeln nicht wieder in die Hand zu bekommen *(oben)*. Der untere Reiter hat im leichten Sitz bei tiefer Hand eher die Möglichkeit, sein Pferd wieder an die Hilfen zu bekommen.

Bei Reitjagden kann man nicht selten verzweifelt auf ihren Pferden kämpfende Reiter sehen, die bemüht sind, ihre panikartig durchgehenden Pferde wieder in die Gewalt zu bekommen. Unerfahrene und junge Pferde müssen systematisch an das Jagdreiten gewöhnt werden. Ein Spazierpferd, das nichts anderes gekannt hat, als die ihm wohl vertrauten Wege in mehr oder weniger gemütlichen Galopps zurückzulegen, wird in einem großen Jagdfeld unter vielen ihm unbekannten Pferden (dem Reiter völlig unverständlich) plötzlich den Kopf verlieren können und dem Reiter außer Kontrolle geraten. Vor Jagden werden Pferde mitunter zudem noch unsinnigerweise geschont, damit sie ihre Kraft für die große Anstrengung voll zur Verfügung haben. Dieser Standpunkt ist dann absolut falsch, wenn das Pferd zu der Sorte gehört, die den angestauten Bewegungsdrang auf der Jagd in sinnlosem, stundenlangem, für den Reiter zermürbenden Kampf loszuwerden versucht. Pferde sollen selbstverständlich vorbereitet zur Jagd gehen. Es ist vernünftiger, ein solches Pferd, abgesehen vom Konditionstraining, Tage vorher vorzubereiten, und es ist absolut nicht falsch, am Vormittag des Jagdtages eine gehörige Portion Arbeit zu absolvieren, bevor am Nachmittag die Jagd angetreten wird. Auch ist es bestimmt kein Fehler für das Pferd, es unter Einhaltung der nötigen Fürsorge zweimal am Tage größere Distanzen in Ruhe und Harmonie gehen zu lassen. Die weitaus größere Strapaze für die Gesundheit des Pferdes liegt in dem Kampf mit dem Reiter.

Zackeln

Zackelnde Pferde sind eine Qual – sowohl für den Reiter wie für das Pferd. Den Reiter läßt ein zackelndes Pferd nicht zur Ruhe kommen, das ewige Getänzel, die zumeist fruchtlosen Versuche, das Pferd zum Schritt zu bekommen, strapazieren Mensch wie Tier. Nach einer Weile gibt der Reiter auf und läßt eben sein Pferd weiter zackeln. Je mehr es zackelt, um so unruhiger wird es. Es fängt zu schwitzen an, verbraucht sinnlos seine Kräfte und strapaziert seine Sehnen und Gelenke über die Maßen. Bis auf wenige Ausnahmen ist die Ursache des Zackelns darin zu suchen, daß sich das Pferd den Hilfen entzogen hat, es geht nicht im Gleichgewicht. Oft genug ist der Reiter schuld daran. Ein Reiter, der es versteht, sein Pferd korrekt an die Hilfen zu bringen, wird kein zackelndes Pferd unter sich haben – und wenn er ein guter Reiter ist, wird er ein zackelndes Pferd in den Schritt bringen können.
Ist die Ursache des Zackelns jedoch im Temperament eines Pferdes zu suchen, so wird die Korrektur schwieriger. Aber auch in einem solchen Fall kann ein Reiterwechsel die Lösung sein, denn eine etwa vorhandene Aversion des Pferdes gegen seinen Reiter kann der Grund dafür sein, weshalb das Pferd unruhig geht. Beruhigende Worte helfen deshalb oft, auch die Zügel in eine Hand nehmen und sich mit der anderen auf den Mähnenkamm zu stützen, kann Erfolg haben. Es empfiehlt sich, nicht am Schluß einer Reitgruppe zu reiten, sondern einige Pferdelängen davor. Oft nutzt es auch, von der Gruppe weg in eine entgegengesetzte Richtung zu reiten oder neben der Abteilung. Vielleicht befindet sich in der Gruppe ein Pferd, das das unsere besonders mag und somit beruhigend wirkt; reiten Sie in seiner Nachbarschaft!
Eines sollte man jedoch nicht tun, nämlich das Pferd zackeln lassen. Der geschlossene Sitz, der leicht angelegte Schenkel, das voll treibende Kreuz sind Grundvoraussetzungen, ein zackelndes Pferd, das sich hinter dem Zügel verkrochen hat und den treibenden Schenkel zumeist nicht annimmt, wieder an die Hilfen zu bringen. Grundfalsch ist es, vorn auf dem Sattel zu sitzen, die Schenkel wegzusperren und damit keinerlei Einwirkung mehr zu haben. Es gehört viel Geduld dazu, einem eingefleischt zackelnden Pferd die Ruhe wiederzugeben, im Schritt am langen Zügel zu gehen, aber irgendein Weg wird sich finden lassen. Schenkelweichen bis zur Verzweiflung ist eine Möglichkeit. Dabei kann kein Pferd zackeln. Das Schenkelweichen muß aber korrekt ausgeführt sein, mit korrekt am Gebiß stehendem Pferd, weder über

Links: Fehlerhafter Sitz des Reiters auf einem zackelnden Pferd. *Rechts:* Richtiger Sitz, beruhigende Hände auf dem Widerrist.

noch hinter der Hand, bei williger Anlehnung. Danach lange im Schulterherein – beides auf beiden Händen, bis man fühlt, daß man wieder geradeaus reiten kann. Die Hinterhand soll gezwungen werden, wieder geräumig zu treten, statt nur halbe Tritte zu machen.
Die Reiter einer Gruppe müssen sich dem Erziehungsversuch anpassen und dürfen nicht egoistisch auf ihren eigenen Wunschvorstellungen beharren. Versuchen Sie auch einmal Ihr Pferd zu beruhigen, indem Sie absitzen und es führen. Lassen Sie es grasen und vermeiden Sie im Zuge der Rückerziehung aufregende Hetzen und Jagden. Auch sollten Sie Sitz und Zustand von Sattel und Zaum untersuchen. Ein klemmendes Gebiß, ein drückender Sattel, ein scheuernder Gurt, ein zu tiefer Nasenriemen können u. a. die Ursache für die Unruhe Ihres Pferdes sein. Sind Sie auf dem Heimweg, und Ihr Pferd zackelt, so machen Sie kehrt, gehen Sie – wenn möglich – einen anderen Weg, halten Sie, sitzen Sie solange ab, bis Ihr Pferd zur Ruhe gekommen ist. Hier ist auch der Hinweis am Platz, daß die Beseitigung von Untugenden, Unarten oder schlechten Angewohnheiten Zeit braucht, sehr viel Zeit mitunter. Die Geduld darf der Reiter in keinem Fall verlieren.

Stolpern

Grundsätzlich ist zwischen dem Stolpern jüngerer und älterer Pferde zu unterscheiden. Bei jüngeren Pferden kann das Stolpern – abgesehen von ausgesprochenen Gebäudefehlern – seinen Grund im gestörten oder noch nicht gefundenen Gleichgewicht haben. Dem jungen Pferd muß also durch Übungen, die das Gleichgewichtsgefühl fördern, die Möglichkeit gegeben werden, sich mit dem Reitergewicht auszubalancieren. Das Treten über Stangen, Cavalettiarbeit, Klettern, Reiten auf unebenem und federndem Boden, besonders im Wald, festigt und kräftigt den Sehnen- und Bänderapparat des jungen Pferdes in hohem Maße. Wichtig ist, daß das junge Pferd lernt, mit tiefer Nase seine Trittsicherheit zu finden. Mit der allgemein voranschreitenden Stärkung besonders der Rückenmuskulatur wird das junge Pferd bei den vorgenannten Übungen etwaige Unsicherheiten verlieren.
Bei älteren Pferden kann das Stolpern mehrere Gründe haben. Einmal können es wiederum Gebäudefehler sein, z. B. zu steile Fesselung, zu steile Schulter. Es kann aber auch zu sehr auf der Vorhand geritten sein, zudem von einem Reiter, dem das Pferd ständig auf die Hand geht, wobei es sein fünftes Bein in der Reiterhand gefunden hat. Der Grund mag aber auch in einer schwachen Kondition – oder auch Gehunlust – liegen, zu der noch die Übermüdung nach einem langen Ritt kommen kann. Ein weiterer Grund kann im Beschlag liegen. Fragen Sie Ihren Schmied, denn gegebenenfalls – falls nicht überhaupt die Zehen zu lang geworden sind – kann er den Eisen eine andere Zehenrichtung geben. Sind diese möglichen Ursachen beseitigt, so muß der Reiter ein zum Stolpern neigendes Pferd vermehrt von der Vorhand wegbringen, d. h. sein Gleichgewicht wiederherstellen. Dies bedeutet, mit der Grundausbildung von vorn zu beginnen. Durch Stärkung der Rückenmuskulatur muß die Hinterhand wieder vermehrt zum Untersetzen angeregt werden, das Pferd muß aufs neue lernen, nicht einfach dahinzulatschen, sondern sich – samt dem Reitergewicht – zu tragen.
Bei größeren Märschen von Kavallerieeinheiten pflegte der Spieß der Schwadron – wie üblich – am Ende der Schwadron zu reiten und sorgsam in seinem sattsam bekannten Büchlein Namen von stolpernden Pferden einzutragen, die trödelnd ihre verschlafenen Reiter dahintrugen. Nicht ganz zu Recht übrigens, denn es gibt nun mal Pferde, die von Natur aus zum Stolpern prädestiniert sind.

Wichtig ist, darauf hinzuweisen, daß ein Pferd, das an den Hilfen steht, nicht oder weniger zum Stolpern kommen wird. Ist das Pferd so übermüdet, daß es deshalb stolpert, gibt es einfach keine andere Abhilfe als abzusitzen, zu führen oder zu rasten.
In manchen Fällen ist, wie schon angedeutet, auch eine Untersuchung und Behandlung der Hufe angebracht. Pferde mit sehr harten und zu trockenen Hufen neigen gern zum Stolpern. Hier gilt der englische Ausspruch: »No foot, no horse.« Das will sagen: Ein Pferd, bei dem die Beine nicht in Ordnung sind, ist kein Pferd (zum Reiten). Stolpernde Pferde können ja nicht nur sich selbst zum Verhängnis werden (aufgeschlagene Karpal- und Fesselkopfgelenke), sondern auch dem Reiter bedeutende Unannehmlichkeiten bereiten.
In diesem Zusammenhang wäre noch ein Wort zu Pferden zu sagen, die auf Grund einer Hufrollenentzündung durch einen Nervenschnitt ihre Schmerzen zwar losgeworden sind, aber damit auch ihren Tastsinn in den Hufen verloren haben. Solche Pferde können im Gelände – oder aber im Parcours – problematisch werden, eben weil sie kein Gefühl mehr in den Hufen haben. Die Trittsicherheit muß notwendigerweise beeinträchtigt sein, wenn die dafür unerläßlichen Nervenstränge durchschnitten sind.

Zehenschleifen

Mitunter ist zu beobachten, daß Pferde, besonders im Schritt, aber auch im Trab, mit einem oder beiden Beinen die Hufspitze durch den Reitbahnboden ziehen. Speziell Schulpferde, die jede Stunde einen anderen Reiter zu ertragen haben, die im Laufe ihres Schulbetrieb-Daseins völlig abgestumpft sind und einfach ihre Stunden abschlurfen, neigen dazu, mit steifer Hinterhand müde ihre Hinterhufe durch den Sand zu ziehen. Aber auch Pferde, die an sich eine durchaus aktive Hinterhand haben, ziehen plötzlich einen Huf mit der Spitze durch den Reitbahnbelag. Dies kann sogar schon zu Beginn der Arbeit erfolgen und deutet keineswegs auf Müdigkeit, sondern eher schon auf Lässigkeit, der man nur mit aktivem Einsatz der treibenden Hilfen begegnen kann. Im Schritt soll das Pferd seine Hinterhand im flachen Bogen nach dem Abfußen möglichst weit unter seinen Schwerpunkt setzen und sie nicht lässig über den Boden hinziehen. Häufiges Tretenlassen über mehrere Stangen im Schrittabstand (0,80–1,00 m, je nach Schrittlänge) aktiviert die Tätigkeit der Hinterhand. Eine Steigerung bedeutet das Treten über Cavaletti in 15–20 cm Höhe. Diese Arbeit wird im Mittelschritt ausgeführt.

Das Pferd soll bekanntlich im Mittelschritt deutlich mit der Hinterhand über die Fußspuren treten. Abgesehen davon, daß man den Raumgriff mit dieser Tätigkeit fördert, wird weiterhin die Hinterhand aktiviert und der Takt gefördert, besonders bei Pferden, bei denen der Takt im Schritt nicht ganz in Ordnung ist. Der Reiter soll sein Pferd zunächst an den Zügel stellen, d. h. durch vorsichtiges Treiben von Kreuz und Schenkel eine weiche Verbindung zwischen seiner ruhig stehenden Faust und dem Pferdemaul herstellen. Die Cavaletti oder Stangen werden gerade angeritten, die Hände des Reiters sollen kurz vor den Cavaletti möglichst tief gestellt werden und in Richtung Pferdemaul etwas vorgehend dem Pferd gestatten, den Hals nach unten zu dehnen, wobei der Reiter, dieser Bewegung folgend, den Oberkörper etwas nach vorn neigt und so den Pferderücken entlastet, so daß das Pferd ohne Spannung treten kann. Es ist sehr wichtig, daß der Reiter dabei treibt, gerade und vorwärts reitet. Im Vorwärtsreiten wird das Pferd zu tätigem Abfußen angeregt. Die Verbindung zur Reiterhand soll weder aufgegeben werden, noch soll das Pferd durch eine hohe oder starre Zügelfaust gehindert werden, mit federndem Rücken treten zu können; es soll also kein Schenkelgänger werden, sondern zum Rückengänger gebracht werden.

Stellung und Handhaltung des Ausbilders bei der Handarbeit.

Durch Erweitern der Abstände kann der Raumgriff gefördert werden, durch Höherstellen der Cavaletti die Versammlung des versammelten Schrittes. Die Arbeit mit den Cavaletti kann der Anstoß für den weiteren Weg in der Ausbildung sein, wenn es der Reiter versteht, den Erfolg, der sich beim Schreiten über die Stangen zeigt, weiter auszubauen. Dieselbe Methode gilt für die Arbeit im Trab, wobei sich die Abstände der Stangen auf etwa 1,30 m erweitern. Der richtige Abstand von Mitte zu Mitte der Cavaletti wird hergestellt, indem man ca. fünf voreinandergesetzte Fußlängen abmißt. Es würde im Rahmen dieser Abhandlung zu weit führen, auf die Aufzählung und Ausführung der versammelnden Lektionen im Trab einzugehen.
Ein Hinweis jedoch noch zur versammelnden Handarbeit: Um Pferden den Weg zu einer gesteigerten Aktivität der Hinterhand zu zeigen, ist die Handarbeit eine vorzügliche Möglichkeit. Man sollte sie zunächst ohne Reiter ausführen. Das Pferd ist gesattelt und aufgetrenst auf der langen Seite der Reitbahn auf den Hufschlag gestellt. Entweder führen wir das Pferd am Kappzaum beidseitig ausgebunden, oder wir binden es auf der der jeweilig führenden Hand entgegengesetzten Seite aus. Wir stehen mit Front zur Kruppe in Höhe der Schulter des Pferdes. Auf der linken Hand führen wir das Pferd links und

haben in der rechten die Gerte (auf der rechten Hand ist es umgekehrt), die wir längs des Pferdeleibes legen. Folgendermaßen können wir auch das Pferd nicht ausgebunden führen: Wir schnallen die Trensenzügel auseinander, legen den äußeren Trensenzügel etwa zwei Handbreit hinter den Ohren über den Hals des Pferdes und ziehen ihn von innen nach außen durch den Ring der Trense. Wir nehmen beide Zügelenden dicht oberhalb des Trensenringes auf der linken Hand in die Linke. Paraden werden nach oben gegeben. Rückwärts gehend, führen wir mit leichter Hand das Pferd vorwärts. Gerte, Stimme und Zungenschlag regen es zum Vorwärtsgehen in halben Tritten an. Machen Sie kurze Reprisen, verlangen Sie anfangs nicht zuviel und vergessen Sie nicht, Ihr Pferd zu loben, wenn es willig arbeitet. Machen Sie immer wieder eine kleine Pause, denn alles soll ohne Zwang geschehen. Hat Ihr Pferd erst einmal begriffen, was es tun soll, wird es auch willig an die Hand gehen. Sie können dann die Arbeit unter dem Reiter fortsetzen. Ein Helfer übernimmt die Hilfengebung mit der Gerte. Auch hierbei ist es wichtig, daß das Pferd an der leichten Hand geritten wird; die Versammlung darf auf keinen Fall zu einer gröberen Anlehnung führen. Wichtig ist außerdem, daß das Pferd geradegerichtet ist. Auf keinen Fall darf es, wenn es z. B. gegen die Gerte oder den Schenkel gehen sollte, mit der Hinterhand in die Bahn kommen oder nach außen gestellt gehen – ein Fehler, der oft besonders auf der linken Hand auftreten kann. Sie sollten dann zur Volte abwenden, ähnlich dem Schulterherein wieder auf den Hufschlag an die Bande kommen und die Arbeit ein wenig mit Innenstellung fortführen.

Zungenfehler, Gebißklappern, Zähneknirschen, Maulaufsperren, Kopfschlagen

Ein sehr komplexes und schwieriges Kapitel; generell kann man jedoch sagen, daß die meisten Zungenfehler auf das Schuldkonto des Reiters gehen. Um den fehlerhaften und dabei oft sehr schmerzhaften Einwirkungen einer ungeschickten oder groben Hand zu entgehen, sind Pferde sehr erfinderisch: Sie können die Zunge über das Gebiß nehmen oder sie heraushängen lassen; sie verstehen den Zungenfehler aber auch zu kaschieren, so daß Reiter, die ohnehin nicht sehr geschickt mit ihren Einwirkungen umgehen, es häufig gar nicht oder erst spät merken, daß Ihr Pferd nicht korrekt am Gebiß steht. Die Anlehnung ist von Temperament und Bau des Pferdes abhängig. Häufig haben Pferde mit einer schwachen Hinterhand, die weniger trägt als schiebt, eine daraus resultierende stärkere Anlehnung, denn sie neigen zum ständigen Wegeilen. Die Anlehnung wird um so stärker werden, je weniger der Reiter imstande ist, dieses Wegeilen (oft auch die Folge einer steifen Hinterhand) mit den notwendigen reiterlichen Mitteln aufzufangen und damit das Pferd von der immer stärker werdenden Anlehnung wegzubringen. Die Folge ist, daß das Maul ledern und schließlich »tot« wird, d. h. jeglichen Zügeleinwirkungen gegenüber unzugänglich. Es ist ein nahezu unmögliches Unterfangen, einem solchen Pferd wieder Gefühl im Maul beizubringen.
Es gibt auch Pferde, die durch Manipulationen mit der Zunge versuchen, diesem ewigen In-den-Zügel-Hängen, den hämmernden Fäusten oder groben Einwirkungen einer unkontrollierten Reiterhand zu entgehen. Zungenschwierigkeiten können aber auch die Folge schlechtpassender Gebisse sein. Besonders beim Anreiten junger Pferde muß darauf geachtet werden, daß Trensen nicht zu schmal und nicht zu breit sind. Auf jeder Seite des Gebisses soll 1 cm Luft sein. Die Gelenke der Trense dürfen nicht ausgeleiert sein, scharfe Kanten haben oder quetschen. Bekannt ist, daß eine Trense um so schärfer ist, je dünner sie ist. Bei Kandaren ist das Verpassen besonders sorgfältig vorzunehmen. Wir werden auf diesen Punkt noch eingehen (s. Seite 122). Die Trense soll so verschnallt sein, daß die Lefzen nicht hochgezogen werden. Eine zu tief eingeschnallte Trense wiederum wird ein junges Pferd dazu animieren, mit diesem neuen Ding im Maul herumzuspielen, es wird versuchen, es auszuspucken oder mit der Zunge nach vorn zu bringen.

1 Löffeltrense
2 Trense mit eingeflochtenen Roßhaaren
3 Zungenstreckertrense

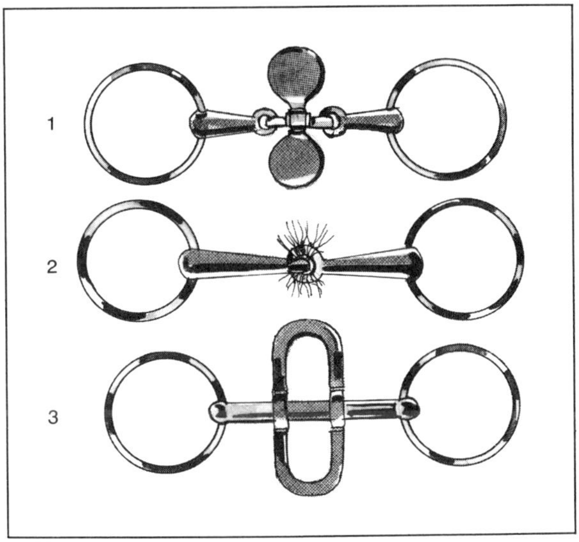

Wenn das Gebiß zu tief liegt und die Remonte eine sehr bewegliche Zunge hat (es gibt auch sehr fleischige, weniger bewegliche Zungen), so kann es passieren, daß sie die Zunge über das Gebiß bekommt. Damit ist der Anfang zu Zungenschwierigkeiten gemacht. Das Pferd wird immer wieder versuchen, das lästige Ding loszuwerden. Sie sollten also von vornherein das Gebiß eher zu hoch als zu tief schnallen. Hat sich das Pferd mit dem Gebiß abgefunden, hat es Vertrauen zur Reiterhand gewonnen; dann ist diese Gefahr weitgehend gebannt.

Sie sollten auch den Versuch machen, eine Gummitrense mit Gelenk einzuschnallen. Obwohl man bei jungen Pferden ganz besonders vorsichtig mit zu engem Schnallen des Reithalfters sein sollte, müssen Sie es etwas enger schnallen, um die Beweglichkeit der Zunge zu behindern. Was noch eher Erfolg haben kann: Verwenden Sie ein englisches Reithalfter mit Pullriemen. Es behindert die Atmung nicht so sehr und gibt dem Pferd dennoch weniger Möglichkeit, das Maul aufzusperren und die Zunge über das Gebiß zu lavieren.

Manchmal sind Zungenschwierigkeiten die Folge von Schmerzen in der Hinterhand – bei nervösen Pferden auch die Folge von Aufregung. In keinem Fall soll der Reiter auftretende Zungenschwierigkeiten mißachten. Bereits die ersten Anzeichen sind ein Warnzeichen, ein Signal, mit dem Ihnen Ihr Pferd sagt, daß es entweder mit Ihrer Behandlung nicht einverstanden ist oder daß es sogar Schmerzen hat. Wenn Sie festgestellt haben, daß Ihr Pferd die Zunge übers Gebiß genommen hat, müssen Sie – falls Sie keinen Helfer haben – sofort absitzen und die Zäumung wieder in Ordnung bringen, ehe Sie Ihre

Arbeit fortsetzen. Eine wenn auch wenig schöne Abhilfe ist die Löffeltrense, deren auf der Zunge liegender Löffel verhindern soll, daß das Pferd die Zunge über das Gebiß bringen kann.
Des weiteren können Sie auch folgenden Versuch machen: Flechten Sie in das Gelenk der Trense eine Anzahl von Schweifhaaren so hinein, daß die abgeschnittenen Enden einen kitzelnden Reiz auf Gaumen und Zunge erzeugen (s. Abb. auf Seite 119). Es gibt aber auch Gebisse, bei denen im Trensengelenk weitere kleine Gelenke eingearbeitet sind, die das Pferd im Maul beschäftigen sollen. Ähnlich funktionieren Trensen mit einer »Spielerkette«, die Sie selbst mit Hilfe einer Kandarenkette anfertigen können (s. gleiche Abb.). Doppelgelenk- und Zweifachtrensen haben ähnliche Wirkung. Es gibt keine Regel zur Beseitigung von Zungenschwierigkeiten, wenn sie einmal aufgetreten sind. Es wurde schon eingangs gesagt, daß sie fast immer auf das Konto des Reiters gehen; sie treten auch nicht spontan auf.
Zungenschwierigkeiten darf ein Reiter einfach nicht übergehen, denn je schwieriger die Aufgabe wird, um so mehr wird das Pferd Ihre Einwirkungen mit Zungenmanipulationen hintergehen. Achten Sie besonders beim Ankauf eines Pferdes auf diese Untugend. Ein Pferd, auch ein junges, das die Zunge übers Gebiß nimmt oder an einer Seite aus dem Maul hängen hat, wird selbst einen guten Reiter immer wieder vor Probleme stellen. Meist lassen Pferde die Zunge an der Seite heraushängen, an der sie sich festmachen. Oft lassen sie die Zunge nicht sichtbar heraushängen, sondern legen sie weniger sichtbar als Polster zwischen Gebiß und Laden, um den Druck des Zügels zu mildern. Eine Möglichkeit der Abhilfe besteht darin, kurze Zeit diesen Zügel vermehrt anzunehmen bei gleichzeitigem stärkeren Schenkeldruck auf derselben Seite und sofortigem Nachgeben der Hand. Das Pferd muß anschließend sogleich belohnt werden, wenn Ihre Hilfe Erfolg hatte. Die Korrektur wird Zeit und Geduld erfordern. Der Reiter sollte immer daran denken, daß ja der Fehler durch ihn und seine falsche Behandlung entstanden ist, daß *er* also derjenige ist, der durch eine besonders ruhige, feinfühlige Hand, unterstützt durch einen schmiegsamen Sitz, sein Pferd von dieser schlechten und unangenehmen Unart nur durch Geduld und abermals Geduld redressieren kann. Die Zunge mit einem Riemen oder einer Schnur festzubinden, bedeutet keine Abhilfe, selbst dann nicht, wenn diese Methode von namhaften Reitern angewendet wurde oder wird.
Interessant ist es, hierzu zu wissen, daß die Trense nicht auf Zunge und Laden wirkt, sondern normalerweise auf die Zunge und die Ränder der Unterlippe, die die Laden bedeckt. Eine unruhige und harte Hand kann diese dünnen Ränder verschieben und damit die Laden bloßlegen sowie schmerzenden Druck erzeugen. Da die Zunge der empfindlichere Teil im Maul ist, entgeht das Pferd dem Schmerz, indem es die Zunge herausstreckt.

Pferde können die Zunge aber auch zwischen den Vorderzähnen herauspressen, eine Unart, die der Reiter vielleicht nicht sofort merkt. Dagegen hilft das vorsichtige Festerschnallen des Kinnriemens.

Eine unangenehme Angewohnheit ist das Knirschen des Pferdes mit den Zähnen. Es ist dabei allerdings zu unterscheiden zwischen dem heftigen Knirschen aus Zorn, meist mit ärgerlich zurückgelegten Ohren und zeitweiligem Öffnen des Maules verbunden, und dem in der Lautstärke feineren Knirschen bei geschlossenem schaumigen Maul. Das erstere ist immer ein grober Fehler und weist darauf hin, daß die Anlehnung nicht gleichbleibend ist und das Pferd sich nicht im Einklang mit den Interessen des Reiters befindet. Diese Pferde sind nicht losgelassen, sondern befinden sich in körperlicher und seelischer Spannung. Das gleichmäßige Knirschen bei geschlossenem Maul im Takt macht jedoch eher den Eindruck von Wohlbehagen. Es ist zwar ein Schönheitsfehler, doch erfüllen diese Pferde bei guter Anlehnung ihre Aufgaben in Harmonie und Übereinstimmung mit dem Reiter.

Auch Pferde, die mit dem Gebiß klappern, sind nicht völlig losgelassen. Sie befinden sich ebenfalls nicht in gleichmäßiger Anlehnung, haben sich der Aufmerksamkeit dem Reiter gegenüber entzogen und weisen auf eine fehlerhafte Ausbildung hin. Beim Gebißklappern gibt es ebenfalls den Unterschied zwischen einem lauten Klappern bei offenem Maul und einem leisen Gebißklirren bei geschlossenem Maul. Seunig stellt fest: »Dagegen ist zum Unterschied vom geräuschvollen, mit dem Gangtakt zusammenfallenden Knirschen und Klappern das leise Gebißklirren durchaus nicht fehlerhaft, sondern im Gegenteil eine dem Reiterohr willkommene Musik. Sie verrät sich durch ein fast unhörbares, nicht rhythmisches Klirren, welches dadurch entsteht, daß die Zunge nach ihrer beim richtigen Abkauen erfolgenden Schluckbewegung sich wieder in ihren Kanal hineinschmiegt und bei dieser sinkenden Bewegung die von ihr früher etwas gehobenen Mundstücke wieder fallen läßt, wobei das Trensen- gegen das Kandarenmundstück klirrt.«
Bei der Umstellung von der Trense auf Kandarenzäumung können Zungenschwierigkeiten entstehen. Weil zwei Gebisse in das Maul kommen, kann das Pferd dazu verleitet werden, das Maul zu öffnen oder mit seiner Zunge mit den Gebissen herumzuspielen; hinzu kommt die Schwierigkeit ungeübter Reiter mit den Zügeln, besonders dann, wenn die Kandare mehr ansteht als die Trense. Wichtig ist eine leichte, nicht ziehende Hand. Vorteile bringt auch die Führung 3 : 1, weil die rechte Hand leichter ordnen kann bzw. die richtige Zügellänge eher wiederherstellen kann. Vergessen Sie dabei nicht, daß bei der Führung 3 : 1 die linke Hand vor der Leibesmitte des Reiters zu stehen hat, sonst klemmt der rechte Kandarenzügel!

Hier nun die angekündigten Bemerkungen zur richtigen Lage und Verschnallung der Kandarenzäumung. Schon die Wahl der Kandare muß sorgfältig erwogen sein, denn das Reiten auf Kandare bedeutet für das Pferd einen besonderen Eingriff in seine bisherigen Gewohnheiten. Ein dünnes Mundstück ist schärfer als ein dickes, besonders dann, wenn die Laden des Pferdes nicht sehr fleischig sind. Mit zunehmender Größe der Zungenfreiheit steigt die Wirkung der Kandare. Auf der anderen Seite hat die Zungenfreiheit die Aufgabe, der Zunge ihre Beweglichkeit zu erhalten. Pferde mit dicker, wulstiger Zunge sollten also eine Kandare mit viel Zungenfreiheit bekommen. Die Breite des Mundstücks muß ebenfalls passen. Ist das Mundstück zu eng, pressen die Bäume auf die Lefzen und erzeugen Unbehagen und Schmerzen. Zu weit darf es auch nicht sein, weil es dann nicht gleichmäßig ruhig im Maul liegt, sondern hin- und hergezogen wird; auch liegt dann die Kinnkette nicht genügend fest. Verhältnis und Länge der Ober- und Unterbäume sind ebenfalls zu beachten, denn je kürzer der Oberbaum und je länger der Unterbaum ist, desto stärker ist die Hebelwirkung. Je weniger also die Längenunterschiede von Ober- und Unterbaum differieren, desto milder ist die Kandare. Normalerweise ist der Unterbaum doppelt so lang wie der Oberbaum. Auch die Lage der Kinnkette sollte sorgfältig überprüft werden. Sie wird erst rechts eingehängt, dann nach rechts so ausgedreht, daß die Kettenglieder flach und gleichmäßig in der Kinnkettengrube liegen. Bei Kinnkettengruben, die nicht sehr fleischig sind, kann eine Gummi- oder Lederpolsterung günstig sein. Der in der Mitte der Kinnkette, die nach Möglichkeit aus flachen und breiten Gliedern bestehen sollte, angebrachte Ring dient zur Aufnahme eines Riemchens, des sog. Scherriemens, und liegt stets auf der Außenseite der Kinnkette. Der Scherriemen wird bei geraden Stangen dann eingeschnallt, wenn das Pferd sich das »Stangenschnappen« angewöhnt haben sollte. Er kann diese Unart ebenso verhindern wie die heute wenig geliebte S-Kandare.
Die Kinnkette soll die Hebelwirkung der Kandare ermöglichen und begrenzen (auf 45° im Winkel zur Maulspalte). Der geringere Fehler ist eine durchfallende und für den Anfang sogar zu empfehlende Kandare. Der Winkel beträgt in diesem Fall mehr als 45° im Gegensatz zur strotzenden Kandare mit weniger als 45°.
Gerade beim Anpassen der Kandare ist sorgfältig darauf zu achten, daß alles paßt, denn hier können Mängel Unarten erzeugen, die, wenn sie erst einmal zur Gewohnheit geworden sind, nur mehr schwer auszumerzen sind.

Zum Thema Lippenschlagen ist eigentlich nicht mehr zu sagen, als daß diese Unart kaum zu beseitigen ist. Mitunter liegt der Grund für diese Angewohnheit in einem Zuviel an Zucker. Den Pferden ist das pappige Maul unangenehm und sie beginnen mit den klebrigen Lippen zu klappen. Besser als

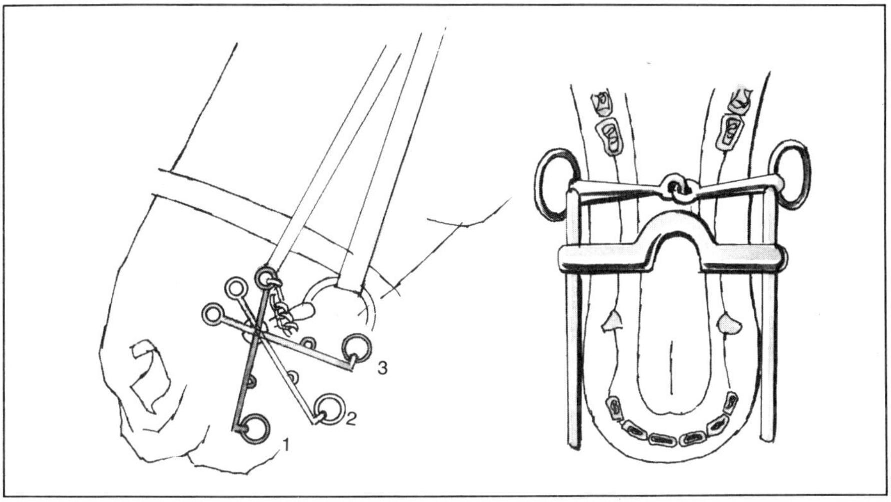

Links: Stellungen des Kandarenbaumes: Kandare »strotzt«, sie ist zu scharf eingestellt (1); das ist die richtige Stellung von 45 Grad (2); die Kandare »fällt durch«, sie hat nahezu keine Wirkung (3).
Rechts: Die richtige Lage von Kandare und Unterlegtrense auf dem Unterkiefer.

Zucker sind übrigens für alle Fälle, in denen dem Pferd eine kleine Belobigung gegeben werden soll, entweder Apfelstücke – nicht zu groß geschnitten, damit sie trotz des Gebisses gut aufgenommen werden können – oder auch Brotstückchen, die den Vorteil haben, besonders intensiv den Geruch der Reiterhand anzunehmen. Apfelscheiben fördern die Schaumbildung im Maul des Pferdes, ohne dabei einen klebrigen Schaum zu erzeugen. Seit einiger Zeit sind aus Mineralstoffen, Vitaminen, Zucker und Füllstoffen gepreßte Würfel im Handel, die den Zucker ersetzen sollen. Von manchen Pferden werden sie nicht sofort aufgenommen, sie gewöhnen sich dann aber doch allmählich daran. Übrigens ist der Schaum, der sich durch Zucker bildet, extrem weiß, der »natürliche« Schaum dagegen nicht.

Zwei weitere Untugenden in diesem Bereich sind das Maulaufsperren und das Kopfschlagen. Beide sind mehr oder weniger die Folgen fehlerhafter Ausbildung. Wenn ein Pferd sich einer zu harten Reiterhand entziehen will, kann es das, indem es das Maul aufsperrt, insbesondere dann, wenn es nicht gelernt hat, im Genick nachzugeben. Eine unelastische Hand ist zumeist der Anfang zu dieser Misere. Die Kommunikation zwischen den treibenden und durchhaltenden Hilfen ist gestört, diese Pferde sind dann auch oft steif in den Hanken und halten sich im Rücken fest. Die beste Abhilfe besteht darin, die Durchlässigkeit zu überprüfen und zu fördern sowie viele Übergänge von Gangart zu

Gangart. Sehr ratsam sind in diesem Fall Übergänge vom Galopp zum Trab mit fließenden Verläufen oder Übergänge vom Trab zum Schritt bei sofortigem Wiederantraben nach der Parade zum Schritt. Dies alles wird bei elastischer Zügelhaltung aus den Handgelenken abgefedert. Beim Festwerden wird der jeweilige Zügel sofort abgeschüttelt. Auch Übergänge in den Gangarten, vom Arbeitstrab zum Mitteltrab und zurück sind zu empfehlen, dasselbe auch im Galopp – besonders erfolgreich auf dem Zirkel mit häufigem Handwechsel. Sollte indessen das Maulaufsperren einfach eine Unart sein, dann hilft das Engerschnallen des Kinnriemens, wobei zum englischen Halfter zu raten ist, denn die Möglichkeit, das Maul doch eher aufsperren zu können, ist beim hannoverschen größer.

Kopfschlagen ist zumeist die sichtbare Beschwerde des Pferdes auf eine zu starke Handeinwirkung. Ein Martingal oder gar einen Stoßzügel einzuschnallen wäre zwar eine Maßnahme, sie würde indessen weder an den Kern des Übels gehen noch Abhilfe dieser lästigen Reaktionen bewirken. Schon mancher Reiterzahn wurde durch Kopfschlagen beseitigt. Aber auch da kann die Regel gelten, daß es Pferde gibt, die sich das Kopfschlagen angewöhnt haben, wenn es ihnen z. B. einfach nicht paßt, irgend etwas tun zu müssen, eben gehorsam zu sein. So leid es mir tut – ein Insterburger ist angebracht, falls die vorhergehenden Sporenstiche keine Wirkung hatten. Schreien Sie das Pferd an – eine laute Stimme hat oft Erfolg – und geben Sie den kräftigen Arrêt nach oben, nicht nach unten, nach oben zu der gegenüberliegenden Schulter.

Vergessen Sie nicht: Ebenso wie bei dem vorhergenannten Maulaufsperren sollten Sie die Tätigkeit Ihrer Hände überprüfen; nur allzuoft ist es die Hand des Reiters, gegen die das Pferd protestiert. Überprüfen Sie auch Sitz und Zustand des Gebisses (oft zu hoch eingeschnallt – oder zu tief dabei auf den Hakenzähnen sitzend) und nicht zuletzt möglichst durch einen Tierarzt die Lefzen und die Zähne des Pferdes. Denken Sie aber bitte auch daran, daß z. B. am Sattel- oder Zaumzeug der Anlaß zum Kopfschlagen liegen könnte, z. B. ein zu engliegendes Stirnband an den Ohren, ein Nackenstück, das an der von manchen Reitern unsinnigerweise im Nacken ausgeschnittenen Mähne drückt, Schnallen, die reiben oder drücken u. a. m. Sollte Ganaschenzwang die Ursache für Kopfschlagen sein, so ergibt das für den Durchschnittsreiter echte Probleme. Wenn zu einem Hirschhals beispielsweise noch enggegabelte oder aber auch zu breite, rückwärtig zu scharfe Ganaschen kommen, bei denen sich die Ohrspeicheldrüsen nur unter Zwang einordnen können, dann wird das Pferd immer die Neigung haben, über den Zügel zu gehen.

Schweifdrehen

Der Schweif des Pferdes gibt in der Art und Weise, wie er getragen wird, einerseits Aufschluß über den seelischen und andererseits über den körperlichen Zustand des Pferdes. Charakter, Energie, Konstitution, nervlicher Zustand sowie Spannungen lassen sich in Haltung und Ausdruck ablesen. (Siehe hierzu auch die Abbildungen auf Seite 13.)

Normalerweise geht die Schweifrübe zwanglos in den Bewegungsrhythmus ein, die Schweifspitzen pendeln mit wechselndem Stützbein hin und her. Pendelt der Schweif nicht rhythmisch in der Bewegung mit, so ist der Bewegungsablauf gestört – das Pferd ist verspannt. Der Schweif ist also ein untrügliches Barometer der Rückentätigkeit. Ein Pferd kann nach einer Seite verspannt sein, es kann sich auf einer Seite verhalten, es kann auch müde sein. Ein Pferd, das den Schweif schief trägt, muß diese schiefe Schweifhaltung nicht notwendigerweise von Geburt an haben; auch sie kann in einer Verspannung ihre Ursache haben. Meist ist die schiefe Schweifhaltung im starken Galopp verschwunden – ein Beweis, daß sie bei äußerster Kraftentfaltung nachläßt. Bei angeborener Schweifschiefe kann eine Operation Abhilfe bringen. Es sind jedoch Fälle bekannt, bei denen die Durchtrennung eines Muskels an der Schweifrübe anfangs Erfolg hatte, sich später jedoch wieder die gleiche Schiefe einstellte.

Der Schweif kann aber auch auf bewußten oder unbewußten Sporenmißbrauch reagieren. Besonders Stuten reagieren auf kitzelnde Sporen häufiger durch Schweifdrehen und Schweifschlagen. Stuten mit dieser Untugend werden in der Dressur wenig Chancen auf Erfolg haben können. Das Schweifdrehen oder Schweifschlagen als Ausdruck innerer und äußerer Verspanntheit wird sich bei entsprechender ungleicher Aufmerksamkeit auf den Reiter ständig als erschwerender Faktor durch die gesamte Ausbildung ziehen. Bei laurigen, sich verhaltenden Pferden sollte bei den obengenannten Reaktionen die Gerte die Funktion der Sporen übernehmen.

Schweifeinklemmen findet sich oft bei überängstlichen Pferden, die Angst vor irgendeiner Strafe haben. Es kann auch die Ankündigung zum Ausschlagen sein. Unter dem Reiter bedeutet es in jedem Fall, daß das Pferd nicht in genügender Losgelassenheit geht: Die Rückenmuskulatur arbeitet nicht ausreichend, die mit ihr in Verbindung stehenden Heber des Schweifs dadurch ebenfalls nicht.

Schlagen nach den Sporen

Wir wollen zwischen zwei Arten des Schlagens nach den Sporen unterscheiden. Das besonders empfindliche Pferd, das nach den Sporen schlägt, wenn sie unbewußt oder bewußt vom Reiter angewendet wurden, hat nur zu sehr recht, wenn es das tut. Die Unart ist in jedem Fall die Folge einer Ungeschicktheit des Reiters. Er sollte seinen Sitz kontrollieren, die Knie- und Schenkellage verbessern und die Fußspitzen nicht nach außen drehen. Vielleicht sind auch seine Sporen zu lang, zu hoch geschnallt oder zu scharf. Kitzlige und rossige Stuten sind besonders empfindlich auf Sporenstiche und sollten mit Gerte geritten werden.
Es gibt auch laurige Pferde, die entweder einfach nicht reagieren wollen oder es z. B. infolge steifer Hinterbeine nicht können oder sich einfach widersetzen. Wenn nun der Reiter seine Schenkelhilfen durch die Sporen verstärken will, falls das Pferd z. B. dem seitwärtstreibenden Schenkel nicht nachkommt, setzt er den Schenkel und die Sporen oft in der weiter hinten liegenden Gegend bei den falschen Rippen an. Dabei wird aber nicht das Untertreten gefördert, und das Pferd kann nur dadurch reagieren, daß es gegen die Sporen schlägt. Die hinter dem normal liegenden Schenkel befindlichen Bauchwandungen werden nicht mehr von den falschen Rippen gestützt und haben keinen Bezug mehr zu dem den Hinterschenkel vorschwingenden Bauchmuskel, dessen Kontraktionsbasis dort liegt, wo der normal liegende Schenkel zu wirken hat, nämlich kurz hinter dem Sattelgurt.
Die Sporen sind also kurz hinter dem Gurt anzusetzen und bei laurigen Pferden, die nach den Sporen schlagen, durch einen gezielten Hieb der Gerte zu unterstützen. Es gibt nichts, was ein Pferd mehr verderben und unwilliger machen kann als zu häufig und unnötig versetzte Sporenstiche. Bei widersetzlichen (stätischen) Pferden wird die Untugend, nach den Sporen zu schlagen, nur noch mehr verstärkt. Es gibt Pferde, die vor Wut strahlen, sich gegen die Bande werfen oder sich einfach hinlegen. Solche Pferde sollte man – falls kein konstitutioneller Mangel vorliegt – wieder, wie schon am Anfang des Buches ausgeführt, gehfreudig machen, ihm wieder die Lust an der Mitarbeit geben und die Anforderungen auf das Maß reduzieren, das es zu erfüllen bereit ist. Wenn es möglich ist, sollte man mit ihm eine Zeitlang viel spazierengehen, aber eben wirklich bummeln im Sinne von reduzierten Anforderungen. Der Reiter sollte fühlen, wozu sein Pferd gerade aufgelegt sein könnte.

Schlagen

Als Ergänzung zu dem vorausgegangenen Kapitel über das Schlagen nach den Sporen noch einige wenige Bemerkungen über Schläger unter dem Sattel. Besitzer von Schlägern sind arm dran: Sie können die reizendsten Menschen sein – die Unbeliebtheit ihres Pferdes jedoch wird sich irgendwie auch auf sie übertragen. Das ist sicherlich eine Ungerechtigkeit, denn gegen Schläger unter dem Sattel gibt es keine wirklich wirksame Abhilfe. Selbst der beste Reiter kann nicht verhindern, daß sein Pferd in der Gruppe oder bei irgendeiner Ansammlung von Pferden eben doch mal hinten auskeilt. Die einzige Abhilfe, sich selbst oder andere vor einem Schlag zu schützen, ist, Abstand zu halten, und zwar bedingungslos. Daß ein Schläger bei Jagdgesellschaften mit einer roten Schleife im Schweif gekennzeichnet wird, hatten wir schon vermerkt. Es ist jedoch nicht immer möglich, den nötigen Abstand zu halten, und es gibt ebenso viele zumeist traurig auslaufende Unfälle, die vermeidbar waren, wie solche, bei denen trotz aller Sorgfalt ein Unfall geschah. Schläger müssen auch nicht immer schlagen; die Unberechenbarkeit liegt sowohl im Charakter des Pferdes selbst wie in dem Anlaß zum Schlagen, das Neid, sexuelle Gefühle, allgemeine Unlust usw. als Ursache haben kann. Mitunter schlagen auch Pferde aus, die es nie getan haben und danach nie mehr tun. Gewohnheitsschläger andererseits schlagen gegen alles, ob Mensch oder Tier oder auch nur gegen einen Gegenstand. Es hat wenig Sinn, diese Pferde zu strafen, denn wir hatten schon bei den Stalluntugenden in dem Kapitel »Schlagen« gesehen, daß das Schlagen eine Reflexhandlung sein kann, die dem Pferd völlig unbewußt ist. Schläger, die ihre Absicht ankündigen, indem sie die bekannten Drohgebärden zeigen wie Ohrenanlegen, Zähneblecken, mit der Kruppe in Richtung des Unlustobjekts drängeln, sind jedoch – wenn sie vom Reiter rechtzeitig erkannt werden – entsprechend korrigierbar, z. B. durch energisches Aufrichten von Hals und Kopf sowie extremes Belasten der Hinterhand oder durch ebenso extremes Zurücknehmen des Oberkörpers. Wenn gestraft werden soll, dann hat es im Augenblick des Geschehens zu passieren.

Und noch etwas: Reiter, die sich z. B. im Gelände treffen, sollten sich nie die Hände zum Gruß reichen, nie – auch wenn sich die Pferde kennen, lassen Sie es lieber! Was ist nicht schon alles dabei passiert. Lüpfen Sie Ihre Kappe und bleiben Sie auf Distanz!

Schlußwort

In diesem Buch ist der Versuch gemacht worden, das zusammenzutragen, was für die Behandlung und Nutzung des Pferdes im Rahmen der für den Menschen verbundenen Aufgaben wissenswert sein kann. Wir sprachen eingangs davon, daß durch die an Intensität weniger gewordene Beschäftigung mit dem Pferd vieles an selbstverständlichem Wissen verloren gegangen ist und daß es damit notwendigerweise heute weniger Menschen mit diesem für das Verhalten des Pferdes verbundenen Gespür gibt als früher. Andererseits hat die Verhaltensforschung in den letzten Jahren an Gewicht gewonnen, sie wird nicht mehr mit einem mitleidigen Lächeln bedacht und auch nicht mehr als nicht zu den strengen Wissenschaften gehörig betrachtet. Zumindest ist damit zunächst einmal der Impuls gegeben, sich mit unseren Hausgenossen intensiver von der psychologischen Seite her zu beschäftigen. Es soll damit auch gesagt sein, daß jeder, der sich mit Pferden intensiv beschäftigt, ein kleiner Verhaltensforscher sein sollte, gerade weil dieses große Gebiet noch nicht völlig ausgelotet worden ist.
Jeder Reiter und Pferdehalter sollte durchdrungen sein von der Einsicht, daß im Grunde genommen die heute normale und gültige Pferdehaltung eine Einschränkung des Lebensbereiches der Pferde ist und letztlich einem Gefängnis gleichkommt. Andererseits sollte er die Verhaltensäußerungen seines Schützlings nicht vermenschlichen, sondern aus der Kenntnis der Mentalität des Pferdes herauszufinden suchen, wie ein Pferd empfinden würde. Er sollte sich dessen bewußt sein, daß das Pferd von Natur aus keineswegs dazu geschaffen ist, geritten zu werden, über zu anspruchsvolle Hindernisse zu springen oder Dutzende von Galoppwechseln auszuführen. Wenn das Pferd mit Aufgaben konfrontiert wird, die die Norm übersteigen, dann sollte er lernen, sein Pferd psychologisch – Pferde-psychologisch – richtig zu behandeln. Das Feld hierfür ist weit, und vieles ist noch zu tun und zu sagen. Bedenken Sie hierbei einen wichtigen Faktor: Intelligenz, Sensibilität, Charakter und weitere Eigenschaften Ihres Pferdes haben nichts damit zu tun, ob Ihr Pferd ein Vollblüter oder ein Pony ist.
Pferde lassen sich nicht uniformieren. Deshalb kann auch für die Behandlung und Behebung von Schwierigkeiten kein verbindliches Rezept gegeben werden.

Viel Erfolg!